マンガでわかる財務3表超入門

國貞克則 著
大舞キリコ 作画

毎日新聞出版

はじめに

会計は難しいと思われがちですが、お小遣い帳や家計簿が理解できる人なら誰でも理解できます。本書は、お小遣い帳や家計簿に代表される収支計算書の知識レベルで、財務会計の仕組みが理解できるように工夫した本です。

2007年5月に出版された『財務3表一体理解法』(朝日新書)は、出版後1年で25万部を超えるベストセラーになり、その後シリーズ全体では70万部を超えています。この『財務3表一体理解法』の考え方をさらにわかりやすく説明したのが『ストーリーでわかる財務3表超入門』(ダイヤモンド社)でした。

本書はダイヤモンド社の了解を得て、『ストーリーでわかる財務3表超入門』の内容を、マンガを使ってさらにわかりやすく説明した本です。

私は文字を使って難しい内容をわかりやすく説明することに腐心してきましたが、今回マンガの表現力に感心しました。マンガだからこそ読者を引きつけ、マンガだからこそ少ない文字で多くのことが説明できるのだと思いました。

本書はマンガ部分と文章部分が交互に出てきます。マンガ部分を補足したいところや、新たに情報提供したい内容を文章で加えています。そういう意味では、『ストーリーでわかる財務3表超入門』にはない内容も一部加わっています。

会計に苦手意識を持っている人は多いと思います。難しいイメージがあるので「食わず嫌い」といった感じで、会計の勉強に取り組むこと自体に躊躇(ちゅうちょ)してきた人も多いと思います。しかし、会計の基本的な仕組みは難しいものではありません。繰り返しますが、収支計算書が理解できる人なら誰でも理解できます。

本書を使って、肩の力を抜いて、マンガを楽しみながら会計の世界に触れてみてください。会計の基本的な仕組みが極めてシンプルであることがおわかりいただけるだけでなく、会計に対するイメージが大きく変わると思います。

さあ、はじまり、はじまり。

はじめに 003
おもな登場人物 009

第1章
会社とお金の仕組み

［第1話］あかね、念願の会社を起こす 012
1-1 そもそも会社とは何か 028
1-2 会社は誰のものか 030
コラム1 会社は社会のものである 032
1-3 出資と融資の違い 034
コラム2 ビジネスは信頼がすべて 038

第2章

収支計算書を使って複式簿記会計を理解する

［第2話］原宿のお店で営業開始 042
2-1 収支計算書の限界 074
2-2 BSとは何か 077
コラム3 日本ではBSのことをなぜ「貸借対照表」と呼ぶのか 081
2-3 PLとは何か 083
2-4 収支計算書がわかれば複式簿記会計は理解できる 086
2-5 すべての企業に共通する3つの活動 097
コラム4 木と森の両方を見る 101

第3章 ここがわかれば複式簿記会計は理解できる

［第3話］ 事業は順調！ なのにお金が足りない 104
3－1 売掛と買掛の仕組み 130
3－2 利益剰余金の意味 136
3－3 勘定合って銭足らず 138
3－4 キャッシュフローマネジメントとはタイミングのマネジメント 141
コラム5 企業の目的は利益をあげることではない 144

第4章 決算整理と配当

［第4話］ 1年目の成績表 148
4－1 会計と税法の違い 168

4－2　減価償却とは何か　170
4－3　在庫の計上　173
コラム6　資本主義社会における事業の仕組みと会計の未来　180

第5章　ビジネスの現場で使える知識にするために

5－1　PLを理解する　184
5－2　BSを理解する　190
5－3　キャッシュフロー計算書（CS）を理解する　192
5－4　国際会計基準（IFRS）も恐れることはない　199
おわりに　202
参照図書　205

おもな登場人物

寺坂あかね
（てらさか　あかね）　26歳

主人公。社会人4年目にして独立を決心。友人の神崎良江とともに、ストーン（半貴石）アクセサリー販売の事業を始める。

寺坂龍一
（てらさか　りゅういち）　55歳

あかねの父。経営コンサルタント。40歳のときに脱サラし、中小企業の社長を支援する経営コンサルタント業を営む。

寺坂藤吉
（てらさか　とうきち）　83歳

あかねの祖父で、元銀行マン。あかねのよき理解者。

倉橋哲也
（くらはし　てつや）　40歳

龍一の友人。投資顧問会社社長。

神崎良江
（かんざき　よしえ）　26歳

あかねの小学校時代からの友人で会社の共同経営者。

装丁・本文デザイン／ホリウチミホ（nixinc）
DTP／明昌堂
編集協力／MICHE Company
校正／西田糸瓜

第1章

会社とお金の仕組み

どうして私への融資をすぐに決めてくれたの？
あかね
ビジネスで最も大切なのは信用なんだ

［第１話］
あかね、念願の会社を起こす
会社を起こして
もう1年――
ん〜〜…
大学受験に
失敗したときから
私の人生は
大きく変わった…
てらさか
寺坂あかね　26歳
日本の大学への
進学をあきらめ
父の勧めもあって
オーストラリアの
大学に留学した
成田空港から
ひとりで
オーストラリアに
飛び立ったときは
不安でいっぱい
だった

でも
前向きで
エネルギーに満ちた
様々な国の若者と
出会って
受験の失敗なんて
大したことではないと
思えるようになった
過去にとらわれず
未来に向かって
生きていくことが
人生にとって
大切であることを
教えてくれた
そして彼女から
このストーンを
もらったとき
大切な宝物も
一緒にもらったんだ…

○△□銀行
――1年前
3月中旬
このストーンを
ご覧ください！
おもに
オーストラリアだけで
販売されている
特殊なストーン
なんです！
きれいですよね
1日で10万円も
売れたことも
あります！
なぜ
私は銀行の
融資専用窓口で
必死に商品を
説明しているのか？

それは
就職したときから
いつかは独立したいと
願っていた夢が
今叶おうとしているから
口コミで売上も
順調に増えて
きています！
女の子には
必ずウケると
確信しています！
3年前
土日を中心に
小学校時代からの
友達と一緒に
アクセサリーの
販売を始めた
ココ
その中でも
このストーンは
すこぶる好調で
知り合いの
お店の一角にも
ストーンを置かせて
もらうように
なった
ここで
一念発起！
ドン
私は
4年間勤めた
会社を辞め
本格的に
事業化しようと
ストーンを中心にした
アクセサリー販売の
会社を設立した
社名は
株式会社シースリー（C³）
パチ
パチ
パチ
パチ

資本金は
就職してから
毎月5万円ずつ
欲しいものも
我慢し貯めた
200万円と
お父さんが
出資してくれた
100万円の
計300万円
SALE
しかし
それだけでは
足りない！
お願いします！
設備導入資金として
200万円融資して
もらえないでしょうか！
私は事業計画を
くどいくらいに説明し
これまでの販売実績を
月ごとに示した
収支計算書を提出した
嘘も漏れもない
完璧な収支計算書だ！
よろしく
お願い
します！

寺坂さん…
はいっ！

この収支計算書には人件費が記入されていませんね？
えっ…

…ああ 私が一緒にやっていた友人も会社に勤めながら土日にストーン販売をしていましたから
人件費はとっていません

お店の貸借料は？

お店の一部を借りて販売していると仰ってましたよね
そ…それは知り合いのお店なので
ご厚意で貸借料なしで商品を置かせてもらっています

寺坂さん…設備投資したいんですよね？
その設備投資と毎年の利益の関係はどう考えています？
え…あ…あの

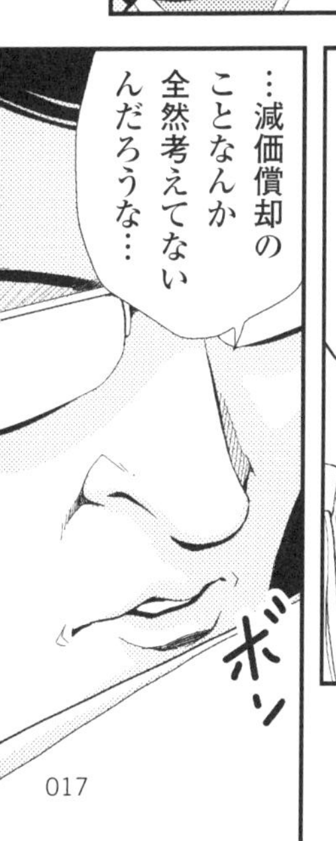
…減価償却のことなんか全然考えてないんだろうな…
ボッ

あ…
失礼しました

お話は
伺いました
1週間以内には
融資の可否の
ご連絡をします

……

ペコ

1週間
待たなくても
結果はわかり
きっている

ウィーーーン

会社設立のため起業の先輩である父親にアドバイスを受けながら株式会社とは何か？
いいか？あかね！
会社は法律で権利を与えられた人なんだ
経営コンサルタント
寺坂龍一（てらさかりゅういち）　55歳
そして人であるなら権利を持つと同時に義務も負うことを忘れてはいけない！
キラッ
うん
うん
資本金とは何か？
資本主義の論理から言えば会社は社長ではなく株主のものなんだ！
よって会社の重要な意思決定は最終的に株主が行うってことだ！
父親のこれ見よがしにウンチクを語る姿はちょっとイラっとしたけど
キラン、ってなに～～…

今となれば
楽しかったぁ…

ハッ
いやいや！
あり得ない！

ヘコむには
早すぎる！
まだ1行だけよ

うん
大丈夫っ！
しゃあっ
次こそは
必ず！

ガク…
その後
どの銀行でも
融資を断られた…

しかし
捨てる神あれば
拾う神あり――

私には
銀行を
40年近く勤めあげた
祖父がいる
その祖父が
200万円
融資してくれた
寺坂藤吉（てらさかとうきち）　83歳

あかね
どこの銀行にも
断られた理由は
わかるかい？
ん～
熱意が
伝わらなかった
から…？

いいかい？
銀行はお客様から
お金を預かって
そのお金を運用して
稼いでいるんだ

もし銀行が
海のものとも
山のものとも
わからない人たちに
お金を貸して
それが戻って
こなかったら
銀行にお金を
預けている人たちは
どう思う？
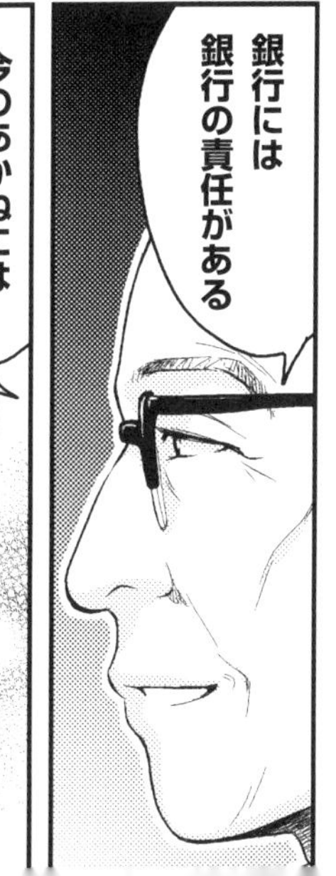
銀行には
銀行の責任がある

今のあかねには
経験と実績を
踏まえた信用が
まだ薄いと
いうことだ
コトン

おじいちゃんは
あかねに
お金を貸すが
この融資自体は
完璧にビジネスライクに
やらせてもらうよ

株式会社
シースリー（C³）
に対しての
融資２００万円
返済期限は1年後
利息は年５％
契約書も
交わしておこう

それから
今回の融資は
おじいちゃんから
あかねの会社への
融資だけど
今回の融資に対して
あかね自身に
連帯保証を
してもらいたい
連帯保証？

申し訳ないが
あかねの会社は
倒産するかもしれない
そうなったら
おじいちゃんは
シースリー（C³）に貸した
お金を回収することが
できなくなってしまう
倒産
ドスン

だから
あかね個人に
保証人になって
ほしいと
いうことだよ
そうか…
そうよね
**…うん
わかった！**

※抗弁権とは、債権者が保証人に債務の履行を請求したとき、まず主たる債務者に催告するよう請求する保証人の権利のこと（民法452条）。

わかりました

うん
ところで龍一はあかねにお金を貸してくれなかったのかい？
お父さんは100万円出資してくれたわ

配当は？
10％よ
資本金は300万円だからその10％つまり30万円か
ねーあなた
いいんだ
お母さんはもっと出資しなさいよって言ってくれたけど
甘やかす気はないって

そうか…けど理由は他にもあるんだよ
え…？
スッ

あかねが会社を運営できるようにしておこうと思えば

あかねは3分の2以上の株式を保有しておく必要がある

龍一はそれを考えて出資をその額に抑えたんだな

あかねの好きなようにやりなさい！

株

株

……

ああ
それから
龍一から資本金、
おじいちゃんから
借入金として
集めたお金だが
資本金の方は
利益が出なければ
配当しなくても
いいが
借入金の利息支払いは
利益が出なくても
必要だからな

うん
お父さんからも
それは聞いた
そうか
…ねえ
おじいちゃん

どうして
私への融資を
すぐに決めて
くれたの？

あかね
ビジネスで
最も大切なのは
信用なんだ

……

おじいちゃんは
銀行の人間とは違って
子供の頃から
あかねを知っている
大学受験に
失敗したとき
不合格
日本の大学への
進学をあきらめ
オーストラリアの
大学に留学したとき

日本に
帰って来たとき
あかねは
言っていたね
留学で
様々な
価値観を持つ
友人と出会い
過去にとらわれず
未来に向かって
生きていくことが
人生にとって
大切であることに
気づいた――

それが自分の
大きな財産と
なったと…
うん

あかねは
責任感が強く
友達思いの性格だ
たくさんの人が
あかねを応援して
くれるだろう
祝
入学式
きっと
困難に直面しても
逃げ出さずに
がんばるだろうし

おじいちゃんはあかねを信用しているから融資をするんだよ
JAZ
……
…うん
私…おじいちゃんとお父さんの気持ちにきちんと応えるよ
がんばれよ～
きっとアクセサリー販売を成功させるから!!

1－1 そもそも会社とは何か
会計を学ぶ前に押さえておきたい会社のこと

▼会社はある「目的」のために権利を与えられた団体

主人公のあかねは株式会社シースリー（C³）という会社を起こし、必死に会計を学び始めました。いったいなぜでしょうか。それは、会社の状態を正しく表すのが会計だからです。では、そもそもその「会社」とは何なのでしょうか。

会社は見る人の立場、見方によってその見え方が異なります。ここでは、会計と深く関わる、「社会における法的な存在としての会社」ということについて説明します。

会社は、社名や会社の目的などを決めて、法務局に登記することによって誕生します。その登記された登記簿には、会社の商号、会社成立の年月日、目的、資本金の額といったことが書かれています。何という名前で、いつ生まれて、というようなことが書かれている。つまり、内容的には人間の戸籍とよく似ているのです。

会社のことを「法人」ということがありますが、法人とは読んで字のごとく、法律によって人の権利を与えられた団体のことなのです。もし、あかねが勝手に「シースリー」というグループを作っても、その存在の証しなどどこにもありません。

さらに言えば、モノを買ったり契約行為ができるのは人だけです。だから何かの団体を作れば、その団体としてモノを買ったり契約行為ができるように、法律で人として認めてもらわなければならないのです。

一方、法人の登記簿と個人の戸籍で大きく異なる点もあります。それは、法人の登記簿には何の目的を持った法人であるかが明記されていますが、個人の戸籍には「目的欄」がないということです。人間は目的がなくてもその存在だけで意味があります。しかし、法人は目的がなければ存在の意味がないのです。言葉を換えて言えば、法人とはある目的を達成するために、法律によって人の権利を与えられた団体ということなのです。

もちろん、権利を与えられれば義務が発生します。納税です。個人が所得税や住民税を納めているように、法人は法人税や法人住民税を納めなければなりません。

ビジネスは個人としても法人としても行えます。個人でも法人でも、ビジネスから得た所得に対して税金を払うことになっています。ただ、会社によっては法人としか契約しないといったところもあります。それは、法人には企業活動を正しく説明するための財務諸表の開示義務等があり、個人より法人の方が信用度が高いからです。

1―2 会社は誰のものか

資本主義制度のもとでは会社は株主のもの

▼会社の重要事項は株主総会で決議される

では次に、あかねが起こした株式会社シースリー（C^3）は誰のものなのでしょうか。あかねが社名を決め、法務局に法人登記し、あかねが株式会社シースリー（C^3）の社長になったのですから、株式会社シースリー（C^3）はもちろんあかねのものだと読者のみなさんは考えていると思います。

日本の会社は資本主義制度のもとで運営されています。資本主義の論理にしたがえば、会社は株主のものです。つまり、会社は社長のものでも従業員のものでもないのです。

資本主義とは、資本家が資本を拠出し、労働を買い、生産を行う社会制度のことです。そこでの「社長」というのは株主から委任されてその会社を経営する人のことです。日々の事業運営の意思決定は社長が行いますが、会社の重要な意思決定は最終的に株主総会において株主によって行われるのです。

例えば、社長を含む取締役の選任や解任、役員報酬の額、配当の額、決算書の承認などは株主総会で決議されます。

その中でも会社にとって特に重要な事項、例えば事業の譲渡、合併、定款の変更などは、株主総会の特別決議が必要になります。特別決議には議決権の3分の2以上による決議が必要になります。だから、株式の3分の2以上を保有しておくことがとても大切になってくるのです。

あかねは会社を起こすために200万円を貯金し、それを資本金にしました。あかねの父・龍一が100万円しか出資しなかったのは、あかねに3分の2以上の議決権を持たせ、あかねが株式会社シースリー（C³）を自由に経営できるようにさせてあげるための親心だったのです。

今回の例では、あかねは株式会社シースリー（C³）の社長であり株主です。株式会社シースリー（C³）は誰のものかということについて、あかねがこの会社の社長であるということにたいした意味はありません。あかねは株式会社シースリー（C³）の株式の3分の2以上を保有し、この会社の運営に関する重要な意思決定権を持っているということが重要なのです。

会社は社会のものである

会社は誰のものかということについてもう少し説明しておきましょう。30ページでは、「資本主義の論理にしたがえば、会社は株主のものです」と書きました。しかし、マネジメントの父と呼ばれているピーター・ドラッカーは、社会全体という大きな視点から「会社は社会のものである」と言っています。

20世紀にソビエト連邦が崩壊し、社会主義体制はすでに行き詰まりを見せていました。しかし、成功したかに見えた資本主義体制も実は問題だらけです。金融資本主義がバブル崩壊やリーマンショックをもたらし、資本主義によって貧富の差は恐ろしいまでに拡大してきています。資本主義が完全無欠の社会体制というわけではないのです。

資本主義とか社会主義とかといった社会体制よりもっと大きな視点で世の中を眺めてみれば、ドラッカーが言うように、「会社は社会のものである」と言うのが正しいのだと思います。

会社は社会に商品やサービスを提供します。納入業者は会社に商品やサービスを提供して会社から代金を受け取ります。従業員は会社から給料をもらい、株主は会社から配当金を受け取ります。会社は国に税金を納め、その税金によって役所や公立学校、自衛隊などの公的機関が運営されます。

このように、会社は社会の重要な構成要素の一つなのです。これが、会社は「社会の公器」と言われるゆえんです。

著者の私は、ピーター・ドラッカー経営大学院でＭＢＡ（経営学修士号）を取得しました。ですから、ドラッカー経営学に大きな影響を受けています。ドラッカーは人類史上初めてマネジメントという分野を体系化した人で、マネジメントの父と呼ばれています。「会社は社会のものである」と言っただけでなく、「企業の目的は顧客の創造である」や「企業が持つべき基本機能はマーケティングとイノベーションである」などといった、一流の経営者が参考にしている本質を突く言葉を数多く発しています。ドラッカーは世の中の本質を見極めていた人だったと思います。

1-3 出資と融資の違い

会社がお金を集める2つの方法

必ず返さなければならないお金と返さなくてもいいお金

会社は株主に資本金を入れてもらうところから始まります。株式会社シースリー（C³）の場合はあかねが社長であり株主であるので少し混乱するかもしれませんが、株式会社シースリー（C³）は、あかねという株主から200万円の資本金、あかねの父・龍一という株主から100万円の資本金を入れてもらうところから始まりました。

この資本金というお金は基本的に返す必要のないお金です。資本金は会社が株式を発行して資本金を入れてもらいます。ですから株主は株式を持っています。もし、株主が何らかの理由で現金が必要になり、その出資している会社が上場企業であれば、自分が持っている株式を株式市場で売却して、その時点の株価にあった現金に換えるだけです。このとき会社の内部では何も起こっていません。この株式売買によって自分の会社の株主が、例えばAさんからBさんに替わったということが起こっているだけなのです。

図表1-1　シースリー（C^3）をめぐる出資と融資

会社がお金を集めてくる方法には、資本家から資本金として入れてもらうという方法だけではなく、他人から借りてくるという方法があります。つまり、銀行などの金融機関からの融資です。金融機関だけでなく、個人から借りてくることもあるでしょう。

融資のための担保と保証

資本金は返さなくてもいいお金だと言いましたが、他人から借りてくる融資は必ず返さなければならないものです。それは当たり前です。いかなる方法であろうと、他人から借りたお金は必ず返さなければなりません。

お金を貸す方は確実に返済してもらわなければ困ります。ですから、お金を借りるときには一般的に担保を取られます。例えば、持っている自宅を担保に入れてお金を借りるということになるわけです。もし、借りたお金が返せなくなったら、担保に入れていた自宅が没収される仕組みです。

さらに、債務保証をさせられることもあります。債務保証とは、借金をしている本人ではなく第三者に借金の返済を保証させることです。例えば、あなたがお金を借りる場合、あなたのお父さんに債務保証をしてもらうといった形です。

株式会社シースリー（C^3）は、あかねの祖父・藤吉から融資を受けました。藤吉からお金を借りたのは、株式会社シースリー（C^3）という法人です。ただ、祖父の藤吉はあかねに連帯保証を求めました。

この連帯保証はただの保証とは意味が違います。連帯保証には抗弁権がありません。つまり、藤吉が、あかねに対して「株式会社シースリー（C^3）に貸した２００万円を返してくれ」と言ったとき、あかねは「それは株式会社シースリー（C^3）が借りたお金だから私はその支払いを拒否します」とは言えないのです。

つまり、誰かの借金の連帯保証をするとは、自分が借金をしたのと同じことになります。ですから、実際の生活においても、他人の借金の連帯保証など軽々しくしてはいけないのです。

▼出資に対して会社は何を支払うのか

出資と融資の違いについてもう少し説明しておきましょう。融資を受けたら、つまり借金をしたら利息を払わなければならないのは誰でも知っていると思います。では、出資に対して会社は何を支払うのでしょうか。

会社は利益が出たら資本金に対して配当をすることになります。つまり、借入金と利息の関係が資本金と配当金の関係によく似ているのです。

さらに説明を加えると、出資者は出資比率に合わせて株主総会での議決権が与えられ、会社の重要事項の意思決定に参画できます。しかし、融資した人はいくらたくさんのお金を貸しても議決権は与えられません。ただし、会社が倒産した場合などは、資産売却などで会社に残ったお金は、まずは融資してもらっている借金の返済に充てられ、その後に資本金の返済に充てられます。

世の中の仕組みはうまくできています。会社の運営に関する重要意思決定権は株主が持っています。権利を持っていれば責任が生じます。倒産といった事態が発生した場合は、会社に残った資産を売却して、それをまず会社運営の権利も責任もない融資者に返します。それでもなお会社にお金が残っていれば、それを株主に返すのです。

ビジネスは信頼がすべて

ビジネスにおいて信用は大切です。あかねのおじいちゃんも、「あかねを信用しているから融資をするんだよ」と言いました（27ページ）。

信用とは、信じるに足る過去の実績などがあるということです。「あの会社は信用できる」という場合は、その会社がずっと誠実に仕事をしてきており、信じるに足る会社であるということを意味します。

特にお金を借りる場合に信用は大切です。国が直接的に関与し、中小企業などの金融支援を積極的に行っている日本政策金融公庫でさえ、新規開業ローンに関しては、創業しようとする業種と同じ業種で6年以上の経験が必要といった条件があります。事業を行うには経験と実績を踏まえた信

用が必要なのです。

ただし、信用と同時にビジネスを行ううえで大切なのが信頼です。信頼とは過去の実績などなくても信じることができるということです。

仕事をするうえで最も大切なことの一つが、人との信頼関係が築けるかどうかです。それはどんな仕事をしても同じです。優秀な営業マンは実は商品やサービスを売っているのではありません。自分という人間を売っています。お客様との信頼関係の中で商品やサービスを提供しているだけなのです。もしも私がマネジャーにとって何が大切か一つ挙げてみろと言われれば、それは「部下の心がつかめているか、部下との信頼関係が築けているかどうか」だと答えます。部下との信頼関係さえ構築できていれば、多少プレゼン能力が低かろうが論理思考力が低かろうが、マネジャーとしては大した問題ではありません。

もちろん、信頼が大切なのは、部下との関係だけではありません。上司との関係、同僚との関係、お客様との関係、すべてにおいて大切なのは信頼関係なのです。

私はマネジメント研修のときに、受講生に「信頼関係を築くうえで何が大切だと思うか」という質問をします。出てくるのは「嘘をつかない。誠実に。約束を守る。逃げない。裏切らない。相手の立場に立って。親身になって」といった言葉です。

ドラッカーはそのような言葉をひっくるめて、「真摯(しんし)さ」が大切だと言います。原書で

「真摯さ」は"Integrity"です。"Integrity"は一般的に「高潔」とか「誠実」などと訳されますが、根底に「一貫した」という意味や「強固な道義心」といった意味合いがあり、「言行一致」「知行合一」という言葉が訳としては最もフィットしているように思います。つまり、言っていることとやっていることに違いのない人が信頼されるのです。

読者の皆さんも人から信頼される人になるよう努力してもらいたいと思います。信頼がなければビジネスは成り立ちません。ビジネスだけではありません。人生がうまくいくかどうかは、信頼される人間になれるかどうかで決まると言っても過言ではありません。

第2章

収支計算書を使って複式簿記会計を理解する

［第２話］
原宿のお店で営業開始
４月初め
本当に
ありえないような
偶然が重なって
原宿の端っこに
小さな店舗が
借りられた
母に言わせると
「一生分の運を
使い果たしたわね」
――だそうだ
そして今
私と良江は
開店の準備に
追われていた
良江は
小学校時代からの
親友
あかね
ご近所のお店で
挨拶してないとこ
まだあったっけ？
共同経営者
神崎良江　26歳
高校を卒業して
就職したけど
どの仕事にも
興味がわかず
いろいろな会社を
転々としていた
いそがし～
大丈夫！
すべて挨拶
済み！
了解～！
でも
アクセサリー販売は
大好きみたいで
長続きしている
良江
ガムテープ
とって!!
ほい！
ちょっと
投げないでよ～っ

ねぇ
ここに置いてある入門書あかね全然読んでないでしょう?
パラ
パラ
会計入門
ああ…会計の入門書ね
少しは読んでみたよけどお金の表と言えばお小遣い帳しか知らないからハードル高くて
それより!早く事業を前にに進めなくっちゃねっ!
でも金銭面での最終的な責任は社長のあかねになっちゃうのに
会計の知識がお小遣い帳レベルというのはねぇ…
…だよね
ちょっとお父さんに相談してみるか…
たしかに社長として会計の勉強をおろそかにはできないな
融資の件で銀行に見せた収支計算書だってどんぶり勘定だったもんな
寺坂コンサルタント

どんぶり勘定？

人件費や減価償却費などすべての費用が入っていなかったからな

じゃあすべてのお金の出入りが完全に記帳されていれば文句なかったのね

いや収支計算書だけでは不十分だな

お金の動きのない取引？

そうだそこが収支計算書しか知らない人にとってはわかりにくいところだ

会社は最終的に会計のルールにのっとった帳簿を作る必要があるが会計自体は難しいもんじゃない

収支計算書と企業の会計の大きな違いは2つだけ
伝票の整理の仕方と現金の動きがない取引の処理だけだ
収支計算書が理解できるヤツなら必ず企業の会計は理解できる
心配するな

広告宣伝をする前までの収支計算書

（単位：万円）

収入	
資本金（あかねと龍一）	300
借入金（祖父）	200
売上代金	100
収入合計	600
支出	
商品の仕入代金	50
事務所賃借料	120
広告宣伝費	
支出合計	170
残高	430

広告を出してから1週間後主役である秘密兵器が届いた
小型の精密レーザー加工装置
操作はコンピューター制御で文字や絵が瞬時に加工できる優れもの
YOSHIE
AKANE
この装置を使ってお店で売ってるストーンに名前や模様を入れれば世界で一つだけのアクセサリーを作ることができるんだね！
きゃは♪
装置の値段は300万円
とても高い買い物だ
…でお父さんに聞きたいことって何だ？
うん収支計算書のことなんだけどさ
なんかレーザー加工装置の費用って
事務所の貸借料や広告宣伝費とは少し種類が違う気がするんだ…
モグ
モグ
モグ
だってレーザー加工装置は今年300万円の代金を支払うけど
設備自体はずっと残っていて使い続けるじゃない？

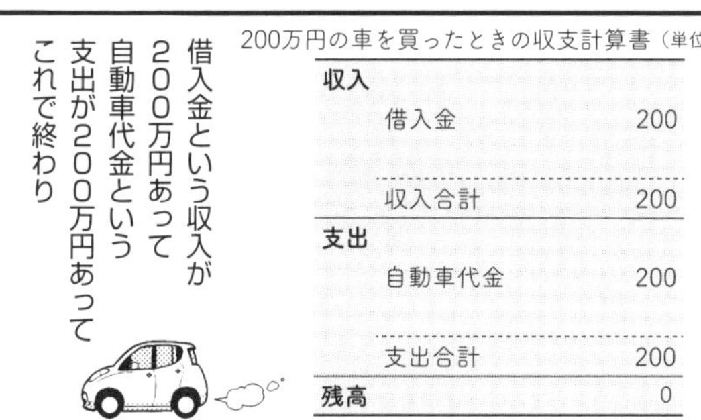

200万円の車を買ったときの収支計算書（単位：万円）

収入		
	借入金	200
	収入合計	200
支出		
	自動車代金	200
	支出合計	200
残高		0

毎年40万円の返済を
するから
借金の残りは
160万円だけど
収支計算書だけでは
この借金の残高
160万円が
どこにも現れない
別の表で
計算しなければ
ならないんだ

※ここでの「年度」とは「事業年度」のこと。事業年度とは定款などに定めた営業年度。通常は1年間。あかねの会社は4月1日から翌年の3月31日までを1事業年度と定めている。

そこでイタリアのベニスの商人が世紀の大発明をした!!
その名も「複式簿記」だ!!

あかねもBS（ビーエス）という言葉を聞いたことはないか？
バランスシートとか貸借対照表とかいうやつだ
うん聞いたことはあるけど…
このBSがあかねの指摘した問題を解決したんだ

今言ったように収支計算書だけでは何年も使う装置や何年にも渡って返済する借金などが
どれくらい残っているかはわからない
この問題を解決し会社の資産や借金や資本金がどれくらい残っているかを一目でわかるようにしたのがBSなんだ
借用書

これが
あかねが会社を
設立したときの
BSだ

BSは右と左に
分かれている

ガリ ガリ

右側には
「お金をどうやって
集めてきたか」が
書かれていて

左側に
「その集めてきた
お金が今どういう
形になって存在して
いるか」が
表されている

会社設立時のBS　（単位：万円）

現金 500	借入金 200
	資本金 300

から
借入金200万
＋
資本金
200万
100万
＝
集めたお金
500万

集めたお金は
現金の形で会社に
入ってくるから
BSの左側は
500万円に
なっている

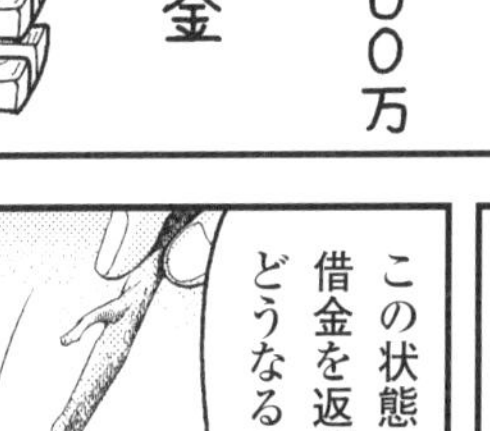

この状態から
借金を返済したら
どうなるの？

ガリ
ガリ

簡単だ
さっきの自動車の
例じゃないけど
1年間で借金40万円を
支払ったとしたら
こうなる

右側の借入金は
40万円減って
借入金の残高は
160万円になる

会社設立時のBS　（単位：万円）

現金 500	借入金 200
	資本金 300

⇩

借金一部返済時のBS　（単位：万円）

現金 460	借入金 160
	資本金 300

BSの左側は
現金40万円を返済する
わけだから
現金の残高は
460万円になるよな

レーザー加工装置購入後のBS（単位：万円）

現金	200	借入金	200
レーザー加工装置	300	資本金	300
左側の合計	500	**右側の合計**	500

あかねが作ったBS（単位：万円）

現金	100	借入金	200
レーザー加工装置	300	資本金	300
左側の合計	400	**右側の合計**	500

なるほど～
これがBSなんだ
だったら私の会社は現在
現金の残高100万だから
BSはこうなるわね！

ガリ ガリ

いや違う

BSの
左右の合計は
常に一致するんだ!

いいかい?
BSの右側には
集めてきたお金のことが
書いてあって

お金
集め〜

形は
色々だけど

B S

左側の合計 400

右側の合計 500

BSの左側には
その集めてきたお金が
今どういう形で
会社の中にあるかを
示しているんだから
BSの左右が
一致してないと
おかしいじゃないか?

一致するべきもの

でも現金は
広告宣伝費なんかを
支払って会社に
残らないものも
あるじゃない?

そうだな

くしゃ

どうやら
私の会計レベルを
上げるには

ベニスの商人が
大発明をした
「複式簿記」とやらを
理解する必要が
あるようだ

目指せ
経験値アップ!

グッ

実はここからが
複式簿記の
面白いところだ

やばっ
休み時間
すぎてる〜

そう言い残して
父は仕事に戻った

ダダ
ダ

資産の積み上げ

現金	
預貯金	
株式	
家	
自動車	

正味財産を計算するのがBS

現金	住宅ローン
預貯金	自動車ローン
株式	
家	正味財産
自動車	

会計ではBSの左側を「資産の部」といい

右側の上の部分を「負債の部」

正味財産のところは「純資産の部」と呼ぶんだ

会社設立時のBS（単位：万円）

資産の部		負債の部	
現金	500	借入金	200
		純資産の部	
		資本金	300
資産合計	500	負債・純資産合計	

この前あかねに書いた会社設立時のBSをちゃんと会計の書式で書くとこうなる

「BS」とはBalance sheetの略で日本では「貸借対照表」だ

複式簿記の勉強をするとまず借方(かりかた)・貸方(かしかた)という言葉が出てきて混乱する人もいるが

BSは財産残高一覧表
（20XX年X月X日）

現金の残高	借金の残高
預貯金の残高	
家の価値の残高	
・・・	正味財産の残高

BSはそれぞれの残高がいくらかというように財産の残高一覧なので

貸借対照表と考えるより財産残高一覧表だとイメージしておいたほうがいいな

『PL』は英語でProfit and Loss Statement

Profit	（利益）
Loss	（損失）
Statement	（計算書）

日本語では「損益計算書」

つまり会社の損失と利益を計算した表っていう意味だ

利益＝収益－費用

なんだぁ

会社の利益と損失を計算しているだけなんだ！

毎年の正しい利益を
計算しようと思えば
PLの費用としては
レーザー加工装置を
使う年限に分割して
認識していくことが
必要なんだ

それだけじゃない
例えばある会社が
商品を売掛[※2]で販売し
決算後に代金の回収が
行われた場合

正しくPLに表すため
会計のルールでは
売上として計上するのは
代金の回収があったとき
ではなく商品やサービスを
提供したときという
決まりになってるんだ

※1　辞書では、収益とは利益の源泉になる売上高のことと定義されているが、日本の会計基準では、収益は「売上高」と「営業外収益」と「特別利益」の3つからなる。本書ではしばらくの間、便宜的に「収益」＝「売上高」として話を進める。

※2　売掛とは商品やサービスは提供するけれど、その代金の回収が後から行われるような販売形態のこと。

つまりPLは現金の動きをあらわす表じゃなくて正しい利益を計算する表なんだ！

なるほど！収支計算書とPLは違うのね

BSとPLの本質がわかったところで——

次はベニスの商人が大発明した複式簿記について説明しよう

はいっ

おもい…

複式簿記の複式は「2つ」の意味だ 簿記は帳簿に記帳するという意味だ

複式簿記はすべての取引を必ず2つの視点（複式）から眺めて図のように「資産」「負債」「純資産」「費用」「収益（売上）」の5つに分類して記帳していくんだよ

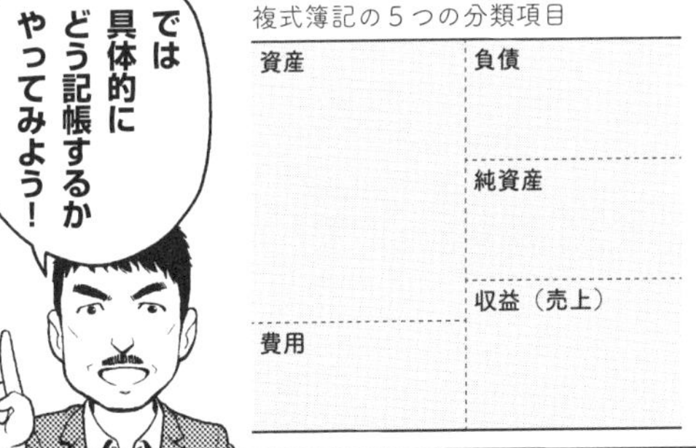

複式簿記の５つの分類項目

資産	負債
	純資産
	収益（売上）
費用	

例えば会社設立時の資本金300万円という取引は

純資産のところに資本金300万円と記帳して

資本金300万円の記帳（単位：万円）

資産		負債	
現金	300		
		純資産	
		資本金	300
		収益（売上）	
費用			

その300万円は会社に現金の形で入ってくるから資産のところにも現金300万円と記帳する

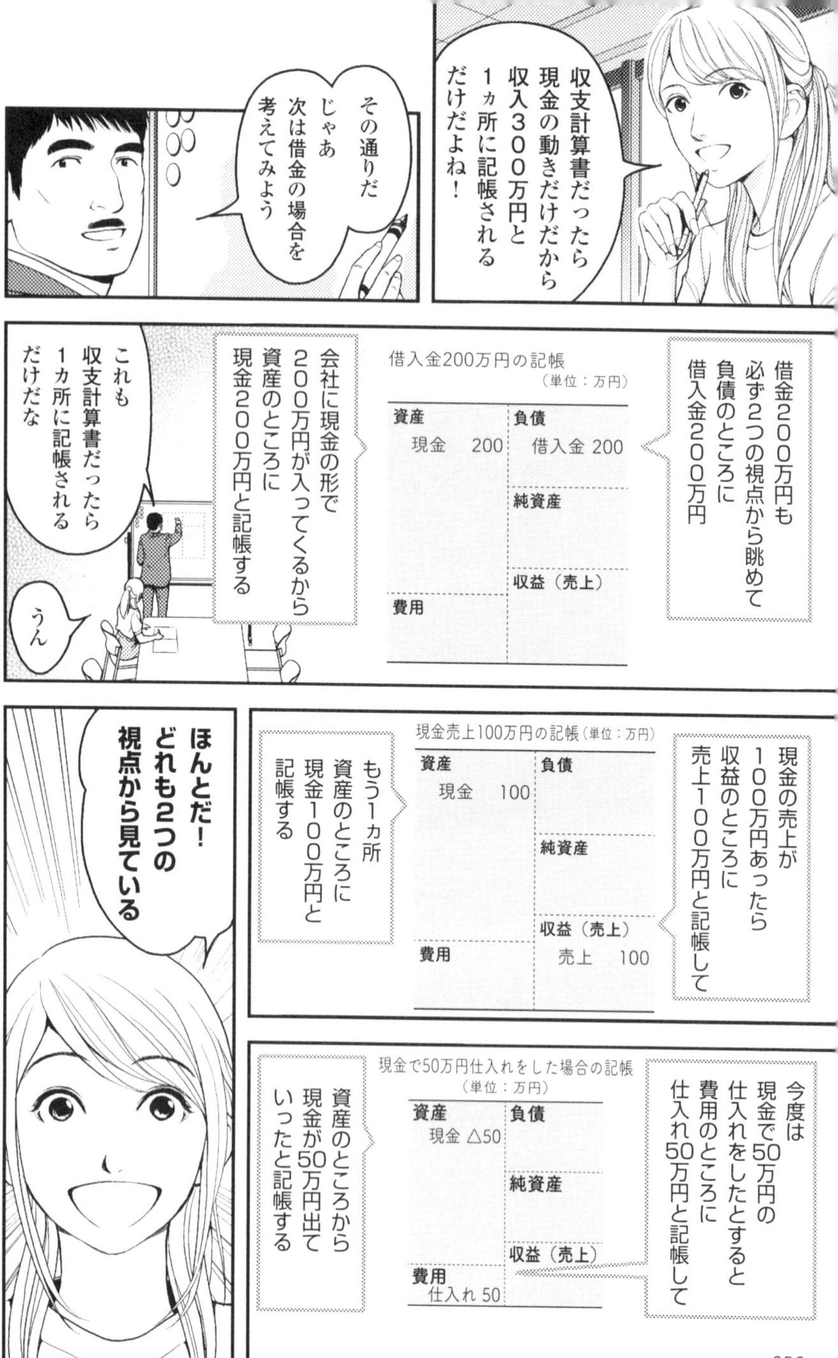

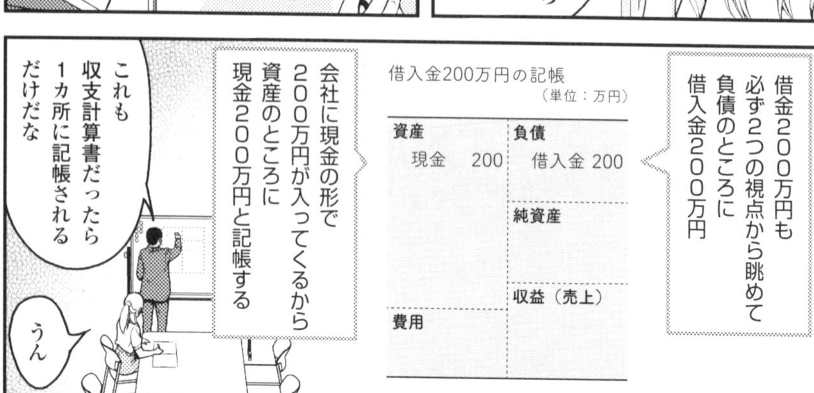

借入金200万円の記帳

（単位：万円）

資産	負債
現金　200	借入金 200
	純資産
	収益（売上）
費用	

現金の売上が
100万円あったら
収益のところに
売上100万円と記帳して

現金売上100万円の記帳（単位：万円）

資産	負債
現金　100	
	純資産
	収益（売上）
費用	売上　100

もう1ヵ所
資産のところに
現金100万円と
記帳する

今度は
現金で50万円の
仕入れをしたとすると
費用のところに
仕入れ50万円と記帳して

現金で50万円仕入れをした場合の記帳

（単位：万円）

資産	負債
現金 △50	
	純資産
	収益（売上）
費用	
仕入れ 50	

資産のところから
現金が50万円出て
いったと記帳する

ほんとだ！
どれも2つの
視点から見ている

そうなんだよ
あかねになじみのある収支計算書はすべての取引を現金の動きという1つの視点で帳簿に記帳しているのに対して

複式簿記は1つの取引を必ず2つの視点から眺めて記帳している

そして常にこの表の右側の合計と左側の合計が一致するように記帳する決まりになっているんだ

この表のことを「試算表（しさんひょう）」と言い会社のすべてのお金の動きを表している

ここからが大切なところだ！

会社がお金を集めてくる方法は3つ
他人から借りる「負債」
資本家から資本金として入れてもらう「純資産」
自分の会社が稼ぎ出してくる「収益（売上）」

それが試算表の右側に書かれている

左側にはこれら3つの方法で集めてきたお金が何らかの形で会社の中に残っている「資産」

すでに外部に支払われている「費用」に分かれて書かれている

試算表

資産	負債
	純資産
費用	収益（売上）

そして
この試算表を
この真ん中の
太線のところで
上下にパカッと
分けると
上がBSで
下がPLだ
試算表とPL・BSの関係
試算表
資産
負債
純資産
収益（売上）
費用
BS（貸借対照表）
資産
負債
純資産
利益剰余金
PL（損益計算書）
利益
費用
収益
（売上）
その集大成
されたものが
試算表で
その試算表を
2つに分けると
BSとPLになる
複式簿記の
基本は
それだけだ
この
BSとPLは
つながっている
ということだ
BS
利益剰余金
PL
利益
なるほど…
簡単な話
だったんだ…
あかねにも
きちんと理解して
もらいたいんだが
BSとPLは
もともと1つの
試算表という表で
右側中央の重なり部分が
BSでは利益剰余金
PLの表では利益になる
うん◎
大丈夫！
よし！
じゃあ
次だ
この図は
会社の事業活動を
表したものだ
すべての会社は
この3つの活動を
行っている
お金を
集める
投資
する
利益を
あげる
事業を始めるとき
お金を資本金か
借入金で
集めてくる
その集めてきた
お金を投資する
あかねの場合は
レーザー加工装置に
投資したな
そして
投資したものを
活用して
利益をあげる

事業活動とPL・BSの関係
お金を集める
投資する
利益をあげる
PL
BS
これら3つの事業活動すべてをPLとBSは表しているんだ
会社がどうやってお金を集めてきたかがBSの右側に記載されていて
それを何に投資したかがBSの左側に記載されている
そしてどうやって利益をあげたかがPLで計算される
つまり会社の事業活動を表すすべての伝票が試算表にまとめられ
その試算表がPLとBSに分かれただけだからPLとBSは会社の事業活動全体を表していることになる
これはサービス業でも小売業や商社でも同じだ
すべての企業はPLとBSを作らなければならないし
PLとBSで事業活動について説明しているから社会的にも信用され評価されるんだ
だから経営者はPLとBSが理解できていないと話にならないぞ!
うん!
コトン
ありがとう
PLとBSがどんなものであるかわかったと思うけど
私たちが子供の頃から親しんできたお金の動きをあらわす表は収支計算書だ

ここでもう一度収支計算書とPLとBSの関係を確認しておこう

収支計算書はすべての取引を現金の動きをベースに記帳した帳簿であり

収支計算書

収入
支出

試算表はすべての取引を2つの側面から見て記帳した帳簿だ

ふむ

ふむ

試算表

資産	負債
	純資産
費用	収益（売上）

つまり収支計算書も試算表もすべての取引が記帳された帳簿という点では同じものだ

ただ帳簿に記帳するのが1つの視点か2つの視点かの違いだけ

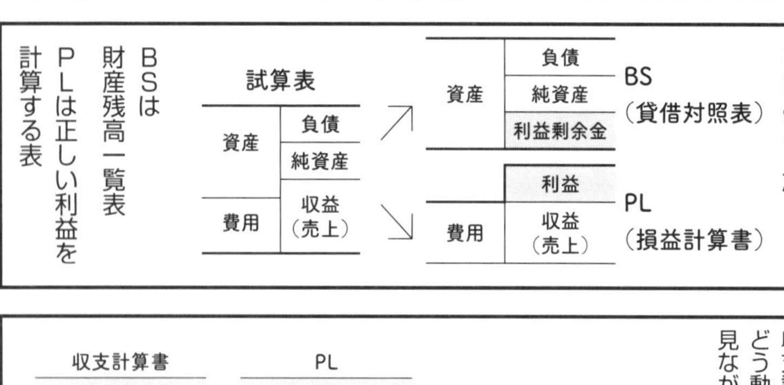

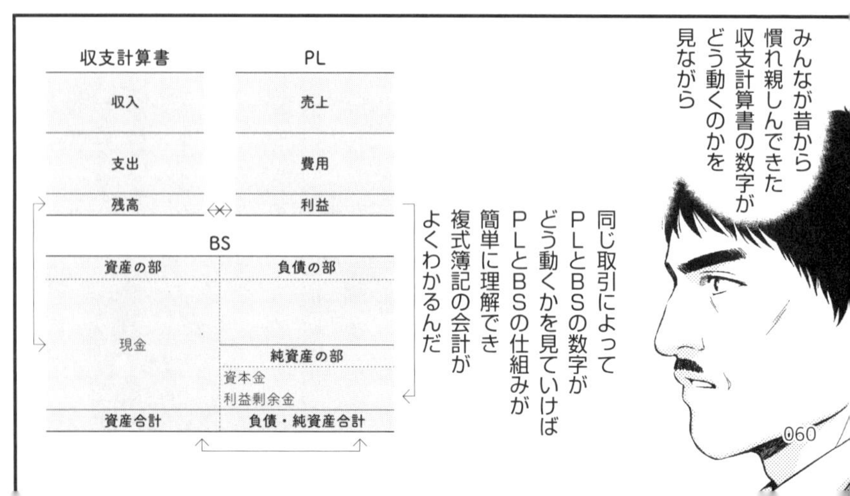

「①のつながり」
PLの利益と
BSの利益剰余金は
つながっている
会社が自分で
集めてきたお金が
BSに
積み上がったものが
利益剰余金

「②のつながり」
BSの左右の
合計は
いつも一致する

収支計算書とPL・BSのつながり

（単位：万円）

収支計算書
（現金の出入りを表す表）

収支計算書
収入
支出
残高

PL
（「正しい利益」を計算する表）

PL
売上
費用
利益

④（収支計算書の残高 ⇔× PLの利益）

③（収支計算書の残高 → BSの現金）

BS（財産残高一覧表）

資産の部	負債の部
現金	
	純資産の部
	資本金
	利益剰余金
資産合計	負債・純資産合計

①（PLの利益 → BSの利益剰余金）

②（資産合計 ⇔ 負債・純資産合計）

「③のつながり」
収支計算書の残高と
BSの「現金」は
常に一致する
収支計算書の残高は
その会社が現時点で
持っている現金の残高だ
BSは
財産残高一覧表であり
BSの現金とは
その会社がその時点で
現金の形で持っている
資産のこと
だから
収支計算書の残高と
BSの現金は一致する

「④のつながり」
収支計算書の残高と
PLの利益が一致
しないことを表している
PLは必ずしも
現金の動きをあらわす
表ではないからだ

コクッ
まぁ 今日は これくらいに しようか！
どうだ？ 会計に対する アレルギーは かなり小さく なったろう？
うん！ おかげさまで 何か全体像が 見えてきた感じ！
次回の勉強会は 事業を始めて 半年あたりの 10月上旬に 開くことを決めた
ん〜っ
今日は いっぱい 学んだぁ
今日勉強した PLとBSと 収支計算書を使って 実際に数字を 整理してみるのだ
そして 10月初め
お店の方は レーザー加工での ストーンへの名前や 記念日の書き込みが好評で お客さんが増えてきた
うん 感覚的には 悪くない
ミクちゃん ママの誕生日 プレゼントは 大丈夫よ
おばあちゃんが ミクちゃんのも ちゃんと 買ってあるから
ちがうのー!! ミクのお小遣いで 買うーっ！

これください!
はい!
500円です!

え…

……

実はね
500円は
大人料金
子供は
200円だよ!

これ
ください。
はい。
ありがとう
ございます。
ナイス
良江…!

それじゃあ
この前説明した
3つの表の
数字記入用フォームを
作っておいたから

これに
一つひとつ数字を
入れてみようか

そうすれば
3つの表が
完成することで
会計の仕組みが
体でわかってくる

3つの表の基本フォーム　（単位：万円）

収支計算書（現金の出入りを表す表）	PL（「正しい利益」を計算する表）
収入	売上
収入合計	
支出	費用
支出合計	費用合計
残高	利益

BS（財産残高一覧表）

資産の部	負債の部
現金	
	純資産の部
	資本金
	利益剰余金
資産合計	負債・純資産合計

あかねに
なじみの深い
左上の収支計算書に
数字を入れて
次にPLを記入し
最後にBSを
記入してみよう

本フォーム
収支計算書
（現金の出入りを表す表）
収入合計
支出
支出合計
残高

収支計算書は現金の出入りだけを記載する表だ
資本金が300万円入ってきたんだから
収入のところに資本金300万円と入れる

収支計算書（現金の出入りを表す表）

収入	
資本金	300
収入合計	300
支出	

書いたよ

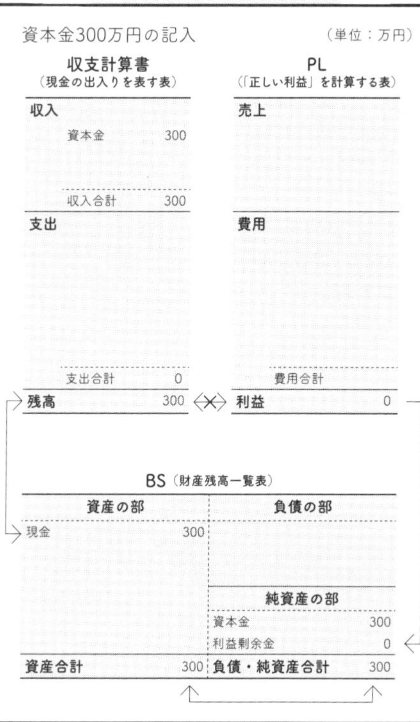

資本金300万円の記入　（単位：万円）

収支計算書（現金の出入りを表す表）

収入	
資本金	300
収入合計	300
支出	
支出合計	0
残高	300

PL（「正しい利益」を計算する表）

売上	
費用	
費用合計	
利益	0

BS（財産残高一覧表）

資産の部		負債の部	
現金	300		
		純資産の部	
		資本金	300
		利益剰余金	0
資産合計	300	**負債・純資産合計**	300

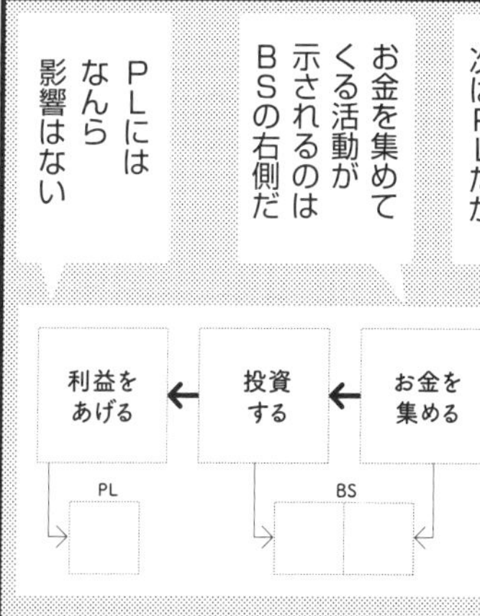

確かに…資本金でお金を集めてきただけで売上が上がったり費用が出ていくはずがないもの
その通り…だから資本金はPLには影響がないんだ

3つの表のつながり（単位：万円）
収支計算書
（現金の出入りを表す表）
収入
支出
残高
PL
（「正しい利益」を計算する表）
売上
費用
利益
BS（財産残高一覧表）
資産の部
現金
資産合計
負債の部
純資産の部
資本金
利益剰余金
負債・純資産合計
事業活動とPL・BSの関係
利益をあげる
投資する
お金を集める
PL
BS
この3つの活動とPL・BSの関係図を見ながら
3つの表の数字を入れていくと今、自分が会社のどの活動を記入しているかがよくわかるぞ
次はBSだけどその前にPLの利益がBSの利益剰余金とつながっていることは認識しておけよ
費用合計
利益 0
負債の部
純資産の部
資本金 300
利益剰余金 0
負債・純資産合計 300
了解！
ではBSに移ろう
BSの左側はその集めてきたお金がどういう形で会社の中に存在しているかだ
BSの右側はどうやってお金を集めてきたかを表す
今回は資本金として300万円集めてきたわけだ
BS（財産残高一覧表）
資産の部
現金 300
資産合計 300
負債の部
純資産の部
資本金 300
利益剰余金 0
負債・純資産合計 300
資本金が入ってきた時点では何も使ってない
現金として300万円があるってことだ
よってBSの左右の合計は300と300で一致している
うん了解！

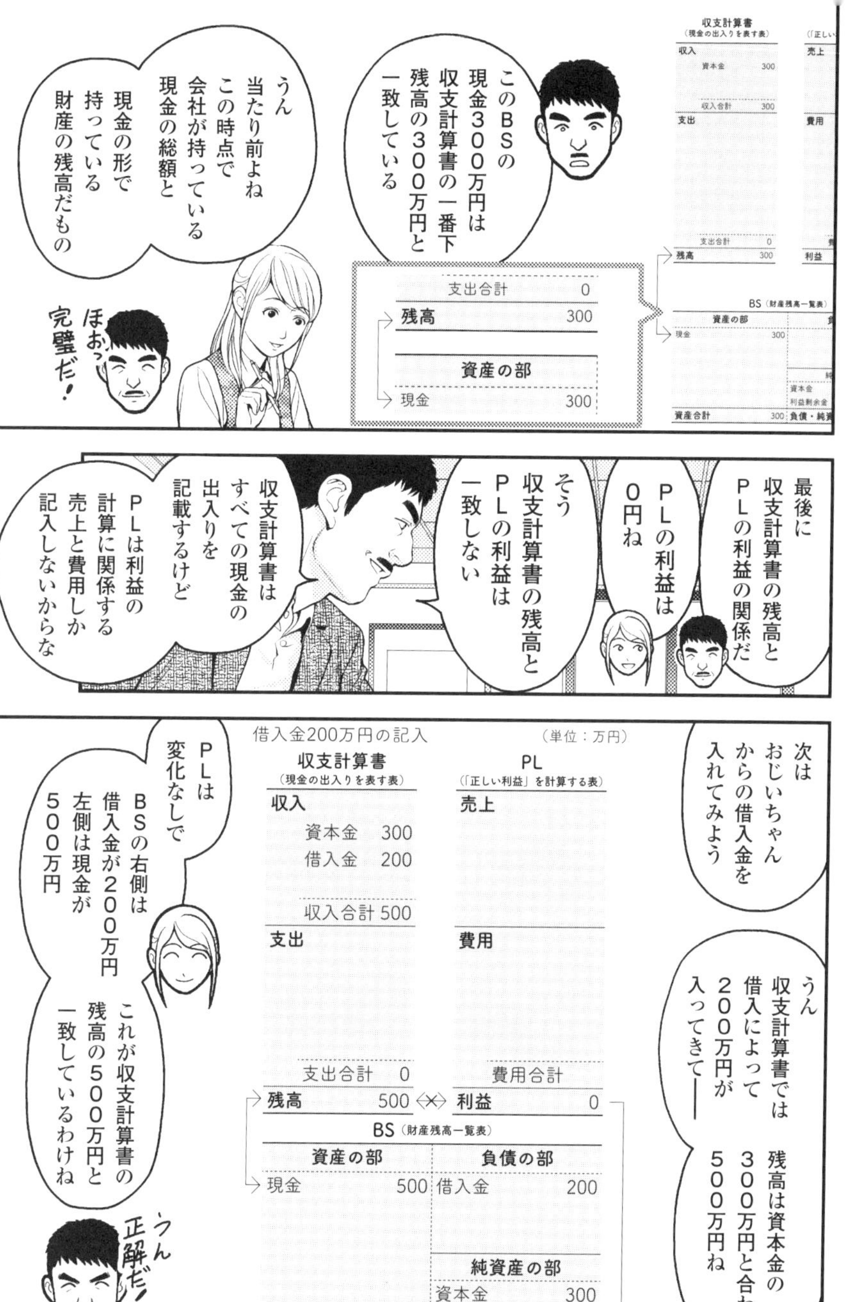

このBSの現金300万円は収支計算書の一番下残高の300万円と一致している
支出合計 0
残高 300
資産の部
現金 300
うん 当たり前よね この時点で会社が持っている現金の総額と現金の形で持っている財産の残高だもの
ほおっ 完璧だ！
最後に収支計算書の残高とPLの利益の関係だ
PLの利益は0円ね
そう 収支計算書の残高とPLの利益は一致しない
収支計算書はすべての現金の出入りを記載するけど
PLは利益の計算に関係する売上と費用しか記入しないからな
次はおじいちゃんからの借入金を入れてみよう
うん 収支計算書では借入によって200万円が入ってきて——
残高は資本金の300万円と合わせて500万円ね
借入金200万円の記入
（単位：万円）
収支計算書
（現金の出入りを表す表）
収入
資本金 300
借入金 200
収入合計 500
支出
支出合計 0
残高 500
PL
（「正しい利益」を計算する表）
売上
費用
費用合計
利益 0
BS（財産残高一覧表）
資産の部
現金 500
資産合計 500
負債の部
借入金 200
純資産の部
資本金 300
利益剰余金 0
負債・純資産合計 500
PLは変化なしで
BSの右側は借入金が200万円 左側は現金が500万円
これが収支計算書の残高の500万円と一致しているわけね
うん 正解だ！

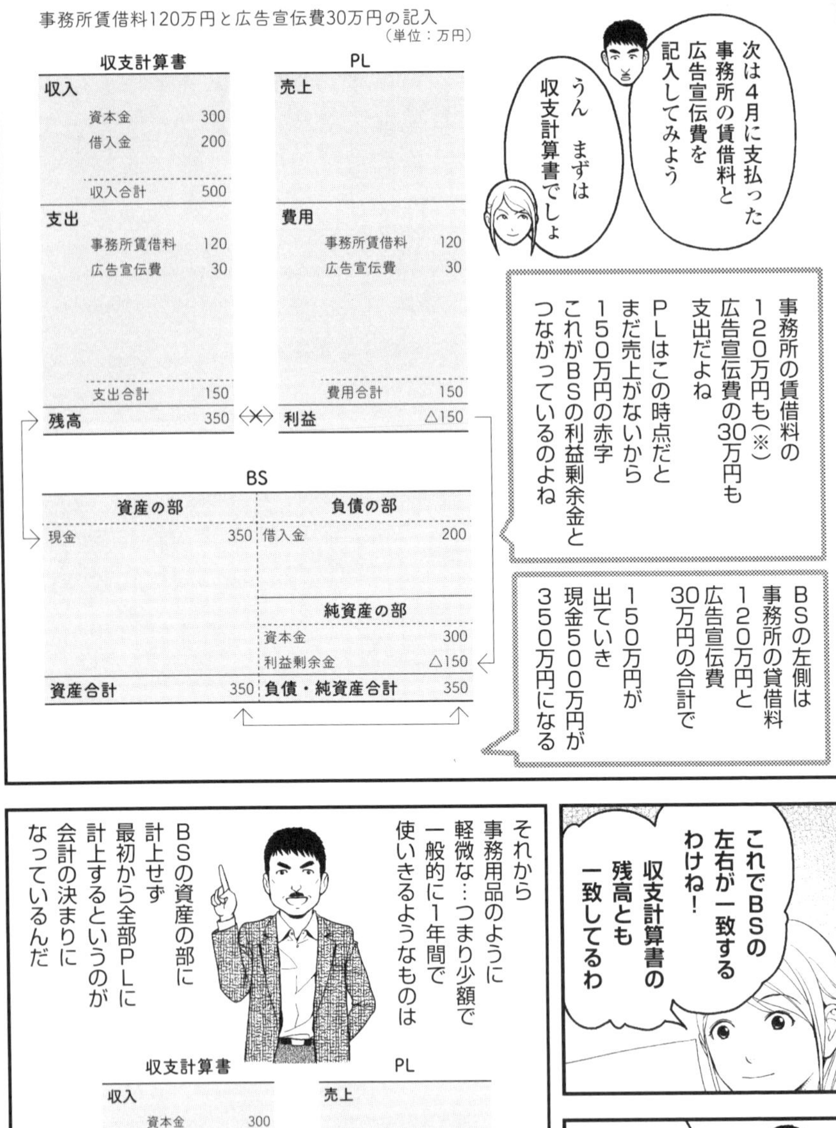

事務所賃借料120万円と広告宣伝費30万円の記入

（単位：万円）

収支計算書

収入	
資本金	300
借入金	200
収入合計	500
支出	
事務所賃借料	120
広告宣伝費	30
支出合計	150
残高	350

PL

売上	
費用	
事務所賃借料	120
広告宣伝費	30
費用合計	150
利益	△150

BS

資産の部		負債の部	
現金	350	借入金	200
		純資産の部	
		資本金	300
		利益剰余金	△150
資産合計	350	**負債・純資産合計**	350

収支計算書

収入	
資本金	300
借入金	200
収入合計	500
支出	
事務用品費	5

PL

売上	
費用	
事務用品費	5

※事務所の貸借料は１年分 120 万円をまとめて支払ったものとする。

それじゃ次は5月に納入したレーザー加工装置300万円の記入だ

こういう何年にも渡って使うものの毎年の費用を計算するために減価償却という考え方を使うんだけど

それは後から説明するのでとりあえずレーザー加工装置を300万円で購入したことだけを説明しよう

レーザー加工装置（300万円で購入）の記入　（単位：万円）

収支計算書

収入	
資本金	300
借入金	200
売上代金	
収入合計	500
支出	
事務所賃借料	120
広告宣伝費	30
機械装置代金	300
支出合計	450
残高	50

PL

売上	
費用	
事務所賃借料	120
広告宣伝費	30
費用合計	150
利益	△150

BS

資産の部		負債の部	
現金	50	借入金	200
機械装置	300	**純資産の部**	
		資本金	300
		利益剰余金	△150
資産合計	350	**負債・純資産合計**	350

BSの左側はレーザー加工装置（機械装置）を現金300万円で買うんだから現金が350万円から50万円になってその代わりに機械装置として300万円が記入されている

これは「BSの右側に記載されている集めてきたお金350万円がBSの左側で現金50万円と機械装置300万円という形に変わって会社の中にありますよ」ということを表している

父さん…
ちょっと待って？
BSの左側の
機械装置のところは
マイナス300万円が
入るんじゃないの？
資産の部
現金 50
機械装置 300
資産合計 350
おっ？
まだ収支計算書と
混乱してるな

BSは
財産残高一覧表であり
BSの右側は
どうやってお金を
集めてきたかという
方法論が書かれていて
BSの左側は
そのお金が
どういう形で
存在しているかが
表されているから
マイナスの数字が
出てくるはずが
ないんだよ※

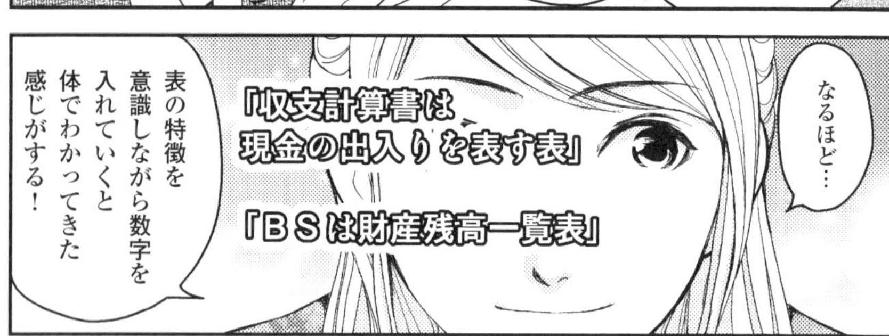
なるほど…
「収支計算書は
現金の出入りを表す表」
「BSは財産残高一覧表」
表の特徴を
意識しながら数字を
入れていくと
体でわかってきた
感じがする！

……そうか
じゃあ次は
この半年間の
商売に関する数字を
入れてみよう
売上は半年間で
600万円で
仕入れが300万円よ
給料とか
交通費とか
通信費とかは？
給料3人分と
その他の経費を合わせて
半年間で300万円ほど
出ていってるわ

※もちろん例外はある。

まぁ
今日は基本勉強会だ
シンプルに
すべてぶっこんで
給料一本にしておこう

じゃあ
給料として
300万円ね

①
収支計算書には
収入として
売上代金600万円
支出として
商品の仕入代金に
300万円
人件費として
300万円
だから残高は
変化なく50万円

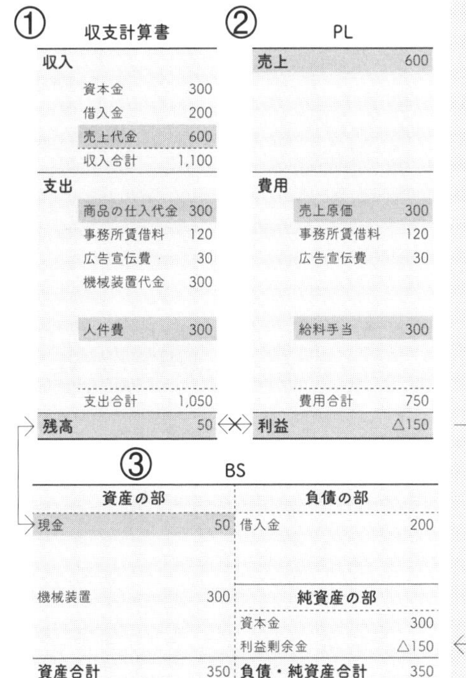
売上600万円、売上原価300万円、給料300万円の記入（単位：万円）

① 収支計算書

項目	金額
収入	
資本金	300
借入金	200
売上代金	600
収入合計	1,100
支出	
商品の仕入代金	300
事務所賃借料	120
広告宣伝費	30
機械装置代金	300
人件費	300
支出合計	1,050
残高	50

② PL

項目	金額
売上	600
費用	
売上原価	300
事務所賃借料	120
広告宣伝費	30
給料手当	300
費用合計	750
利益	△150

③ BS

資産の部		負債の部	
現金	50	借入金	200
		純資産の部	
機械装置	300	資本金	300
		利益剰余金	△150
資産合計	350	**負債・純資産合計**	350

②
PLの方も
売上に600万円が
計上されて
売上原価に300万円と
給料手当に300万円が
それぞれ計上されている
だから
PLの利益も変化なく
△150万円のまま

③
BSの現金は
売上代金として
600万円が入ってきて
仕入れの代金300万円と
人件費300万円が
出ていったので
変化なく50万円のままね

それじゃ今日はここまでだ!
エヘン
よし!完璧だ!!

いいか?あかね

3人分の給料と諸経費込みで半年300万円とは少ないと思うが
月50万円だぞ

でもまだ先がどうなるかわからないから
最低限で抑えなきゃ

それからあかね…
「経営が苦しいからみんなで我慢しよう」はダメだからな
特に従業員の理恵ちゃんが期待通りの仕事をしているのに……
従業員の給料を支払うのは社長であるあかねの重要な責務だ
……

うん…そうだね

アクセサリー店の年間予測（単位：万円）

収支計算書

収支計算書		
収入		
	資本金	300
	借入金	200
	売上代金	1,200
	収入合計	1,700
支出		
	商品の仕入代金	600
	事務所賃借料	120
	広告宣伝費	30
	機械装置代金	300
	借入金返済	
	人件費	600
	利息の支払い	
	支出合計	1,650
残高		50

PL

PL		
売上		1,200
費用		
	売上原価	600
	事務所賃借料	120
	広告宣伝費	30
	給料手当	600
	支払利息	
	費用合計	1,350
利益		△150

BS

資産の部		負債の部	
現金	50	借入金	200
機械装置	300	**純資産の部**	
		資本金	300
		利益剰余金	△150
資産合計	350	**負債・純資産合計**	350

2―1 収支計算書の限界

「お小遣い帳」で明らかになるお金の流れ、見えてこない取引とは

▼私たちが長年慣れ親しんでいる収支計算書とは

さて、いよいよ開店にこぎつけたあかねですが、会計の知識はお小遣い帳レベル。実は、銀行に融資をお願いする際に持参した書類も収支計算書でした。これは無理もないことで、私たちは子供の頃からお金に関する表といえば収支計算書しか見たことがありません。お小遣い帳も家計簿も収支計算書。図表2－1に示すように、お金がいくら入ってきて（収入）、いくら出ていったか（支出）をあらわした表が収支計算書です。

収支計算書は現金の出入りをあらわす表ですから、とてもわかりやすい表なのですが、収支計算書だけで企業活動のすべてを表すことはできないのです。

▼収支計算書の限界① 販売と支払いの時期がずれるパターン

企業活動では人為的に設定された1事業年度（通常1年間）の利益を計算しなければな

図表2-1　収支計算書の例（あかねが銀行に持参した収支計算書）

（単位：円）

収入		
	売上高	328,600
	収入合計	328,600
支出	仕入高	167,000
	事務用品費	1,200
	交通費	4,260
	雑費	2,600
	支出合計	175,060
残高		153,540

りません。それは企業活動を、株主などの関係者に正しく報告するためです。

企業活動では一般的に、商品やサービスの受け渡しと、その代金の受け渡しのタイミングが一致しない取引がほとんどです。商品やサービスを受け取ってもその支払いはしばらくたってから行われます。つまり、売掛や買掛といった商売の形態です。

ある会社がある事業年度にたくさんの商品を販売したけれど、その商品代金の支払いはその事業年度の決算期を過ぎた翌事業年度に行われるという商売をした場合を考えてみてください。もし、収支計算書のように現金の回収が行われたときに売上を帳簿に計上するという決まりにしていたら、その会社はたくさんの商品の販売をしているにもかかわらず、その事業年度の売上はゼロになってしまいます。ですから、企業活動を正しく報告するために、企業会計では現金の受け渡しではなく、商品やサービスの受け渡しのタイミングで、その取引を帳簿に記帳するという決まりにしているのです。

▼収支計算書の限界② 複数年に渡って使用するものの費用計上の問題

また、何年にも渡って使用する機械装置などの費用をどのように計上するかという問題も出てきます。機械装置を購入した事業年度に機械装置の費用を全額計上してしまえば、その事業年度の利益は極端に下がることになります。しかし、企業はその機械装置を何年にも渡って使用しながら事業活動を行うわけです。各事業年度の正しい利益を計算しようと思えば、このように何年にも渡って使用する機械装置の費用は、その使用年限で分割して毎期の費用として計上しなければならないのです。これを減価償却という考え方で処理していくのですが、減価償却については第4章で詳しく説明します。

さらに、マンガの47ページで説明しているように、借金の毎年の返済額は収支計算書に記載されますが、借金の残高がいくらあるかは収支計算書ではわかりません。

収支計算書はわかりやすい表ですが、以上のように収支計算書だけでは企業活動のすべてを表すことはできないのです。

2-2 BSとは何か

収支計算書の限界を解決した複式簿記

▼表の左右に書かれていることを押さえる

さて、ここまでで収支計算書の限界について説明をしてきました。では、どうしたらよいのか……。そんな問題を解決したのが、15世紀にイタリアのベニスの商人が発明したと言われている「複式簿記」です。そもそも複式簿記とは何か、については後ほど詳しく説明しますが、まずは複式簿記の基本となる2つの表、BS（ビーエス）とPL（ピーエル）から説明しましょう。

まずはBSです。英語ではBalance sheet（バランスシート）と言い、日本語では「貸借対照表」と呼ばれています。

BSの右側には「お金をどうやって集めてきたか」が書かれていて、BSの左側には「集めてきたお金を何に投資したか」が書かれています（図表2-2参照）。もっと簡単に言えば、BSの左側には「集めてきたお金が今どういう形になって会社の中に存在してい

図表2-2　レーザー加工装置購入後のＢＳ　（単位：万円）

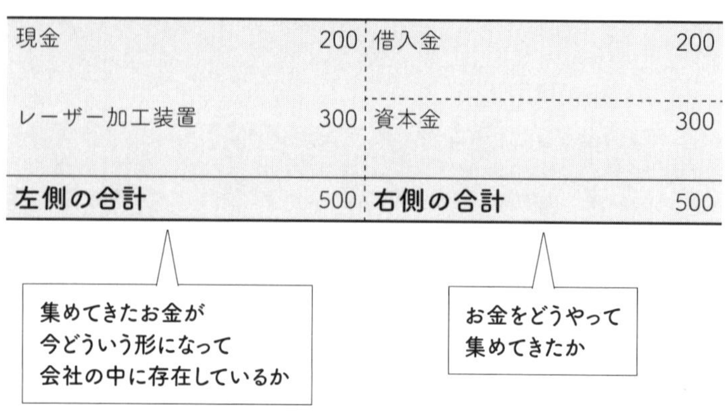

現金	200	借入金	200
レーザー加工装置	300	資本金	300
左側の合計	500	**右側の合計**	500

るか」が書かれているのです。

ＢＳが表しているものの意味は、レーザー加工装置購入後のＢＳで説明するとわかりやすいと思います。

あかねの会社、株式会社シースリー（C^3）には、あかねが資本金２００万円、あかねの父・龍一が資本金１００万円を拠出しました。その合計がＢＳの右側に資本金３００万円として記載されています。さらに、あかねの祖父・藤吉から２００万円の融資を受けました。それがＢＳの右側の借入金２００万円です。ですから、集めてきたお金の合計は５００万円です。

その集めてきたお金５００万円が、今どういう形になって会社の中に存在しているかを表しているのがＢＳの左側です。レーザー加工装置を３００万円で購入しましたから、ＢＳの左側にレーザー加工装置として３００万円が記載されています。残りのお金２００万円は何も使っていませんから、現金２００万円としてＢＳの左側に記載されているのです。

つまり、資本金として300万円、借入金として200万円集めてきた合計500万円のお金が、今、現金として200万円、レーザー加工装置として300万円、会社の中に存在しているということを表しているのがＢＳなのです。ＢＳの基本は極めて簡単なものです。

「バランス」は「一致」ではなく「残高」のこと

ＢＳは右側の合計と左側の合計が一致すると言いました。多くの会計入門書には、ＢＳの左右の合計が一致する、つまり左右の合計がBalanceするからBalance sheetというと書かれています。それはそれで間違いでもないのですが、実はＢＳの左右の合計が一致するからバランスシートというわけでもないのです。

〝Balance〟という言葉には「平衡する」「均衡する」、つまりバランスするという意味がありますが、〝Balance〟という言葉がお金を取り扱う場面で使われる場合は、ほぼ間違いなく「残高」という意味で使われます。みなさん、次に海外旅行に行った際にはホテルの明細をよく見てください。一番下に〝Balance〟と書かれているはずです。これは「支払残高」という意味です。英語版の収支計算書を見れば、一番下の「残高」は〝Balance〟と書かれています。"Balance"という言葉がお金を取り扱う場面で使われる場合は、ほぼ間違いなく「残高」という意味なのです。

Balance sheetの本当の意味は、「財産残高一覧表」です。つまり、図表2－2で言えば、今、現金の残高が200万円、レーザー加工装置の残高が300万円、借入金の残高が200万円、資本金の残高が300万円というように、その会社の財産残高一覧表だからBalance sheetというのです。

Balance sheetには必ず日付がついています。20××年3月31日付といった日付です。それは当たり前です。財産の残高を計算しようと思えば日付が特定されなければならないからです。

日本ではBSのことをなぜ「貸借対照表」と呼ぶのか

ここで、BSのことを日本語でなぜ「貸借対照表」と呼ぶのかについてお話ししておきましょう。実は、これは複式簿記会計の「借方（かりかた）・貸方（かしかた）」という言葉に関係しているのです。

複式簿記会計の勉強を始めて、多くの人が最初につまずくのが「借方・貸方」という言葉です。私もそうでした。会計の先生に「借方・貸方」の意味について何度質問しても、なかなか納得のいく回答はもらえませんでした。

先生の方も、「これは意味を問うものではなく、覚えるものです」と言って、図表2−3のような方法を教えてくれたりします。「借方の『り』は左側に払いますね。ですからBSの左側が借方です。貸方の『し』は右側に跳ねますね。ですからBSの右側が貸方です」といった感じです。

覚え方としてはよい方法かもしれませんが、普通の人はここでまた疑問が沸いてきます。「そうか、BSの右側が貸方か。でも、BSの右側には借入金が入っているよな。日本語感覚で言えば、借入金はどう考えても借方でしょ。何で、借入金が貸方なんだろう」と。

図表2-3　「借方・貸方」の覚え方

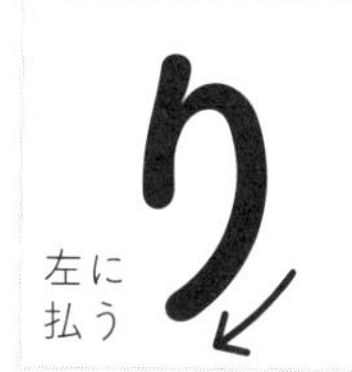

この「借方・貸方」は、英語のDebit・Creditの日本語訳なのですが、欧米の人のDebit・Creditに関する混乱ぶりも、日本の人と同じような感じです。私が会計を本格的に勉強したのは、米国に留学したときでした。Accountingという授業で、英語で勉強しました。そのとき、先生にDebit・Creditについて質問したら、次のような説明でした。

「Mr. Kunisada、右手のことをRight handと言いますね。左手はLeft handです。なぜ、右手がRightで左手がLeftなんでしょうか。右手がLeftで左手がRightでもおかしくはありませんよね。Debit・Creditもそういうものなのです」私の頭の中は「？？？」という感じでした。

今や借方（Debit）、貸方（Credit）というのはシンボルのようなもので、それ自体には意味がないというのが全世界的な認識になってきています。

この「借方・貸方」が、実は「貸借対照表」の「貸借」なのです。そもそも「借方・貸方」の意味がわからない人にとっては、貸借対照表のイメージが作りにくいと思います。

繰り返しになりますが、貸借対照表は元々Balance sheet、つまり「財産残高一覧表」という意味です。欧米の会計の専門家も、その意味がよくわかっている人は、Balance Sheetを「財産残高一覧表」のイメージで理解しています。読者のみなさんも是非そのように理解しておいてください。

2-3 PLとは何か

その年度の損失と利益を計算する表

現金の動きとは関係ない数字が入っているのが収支計算書との違い

次はPLです。英語ではProfit and Loss Statementです。これを日本語に訳すと「損益計算書」になります。何か難しそうな名前がついていますが、これは英語を直訳しただけです。会社の損失（Loss）と利益（Profit）の計算書（Statement）ということです。

PLはある事業年度の正しい利益を計算する表です。龍一はあかねに、計算式は「利益＝収益－費用」だと言いました。そして、この時点では収益は売上のことだと思っておけばいいと言いました（次ページ参照）。収益と売上の違いについては第5章で説明します。

売上から費用を引くと利益になるのですから、これを図にすると図表2－4のようになります。

この図を見ると、PLは図表2－1（75ページ）の収支計算書とよく似ています。表の構造がよく似ているので、PLを収支計算書のように思ってしまって、会計のことがわか

図表2-4　PL（損益計算書）

収益
費用
利益

→

売上
費用
利益

らなくなっている人が多いと思います。

PLと収支計算書は別物です。何が違うかと言えば、PLは現金の出入りをあらわす表ではなく、その事業年度の正しい利益を計算する表だということです。もっと言えば、PLには正しい利益を計算するために、現金の動きとは関係ない数字がたくさん入ってくるのです。これが「2－1収支計算書の限界（74ページ）」で説明した内容です。

つまり、売掛や買掛といった現金の動きのない売上や費用がPLに計上されるのです。さらに言えば、何年にも渡って使用する機械装置のその年度分の費用が減価償却費として計上されます。機械装置の購入のための現金は機械装置を購入した年度に出ていきますが、機械装置は翌年度もその翌年度も使われます。毎期機械装置を使って利益をあげているのですが、毎期の正しい利益を計算しようと思えば、機械装置のその期分の費用を減価償却費として計上しておかなければならないのです。

このように、ＰＬは収支計算書とは違い、現金の動きをあらわす表ではなく、その期の正しい利益を計算するための表なのです。

2-4 収支計算書がわかれば複式簿記会計は理解できる

そもそも複式簿記とは

▼複式簿記と単式簿記

複式簿記会計の基本となる表であるBSとPLを説明しましたので、このあたりでそもそも複式簿記とは何かについて説明しておきましょう。

複式簿記を説明する前に単式簿記の説明から入らなければなりません。複式簿記も単式簿記も「簿記」という言葉がついていますが、これは帳簿に記帳するという意味での簿記ということです。

では、単式簿記の「単式」とはどういうことでしょうか。単式とは1つという意味です。単式簿記とは1つの簿記、つまりそれぞれの取引を現金の動きという現金一点で帳簿に記帳していくのが単式簿記です。単式簿記の記帳でできあがってくるのは収支計算書です。

読者のみなさんはこれまで単式簿記という言葉を使ったことはなかったと思いますが、お小遣い帳も家計簿も現金の出入りという現金一点で取引を帳簿に記帳していたわけです。

図表2-5　試算表（複式簿記）

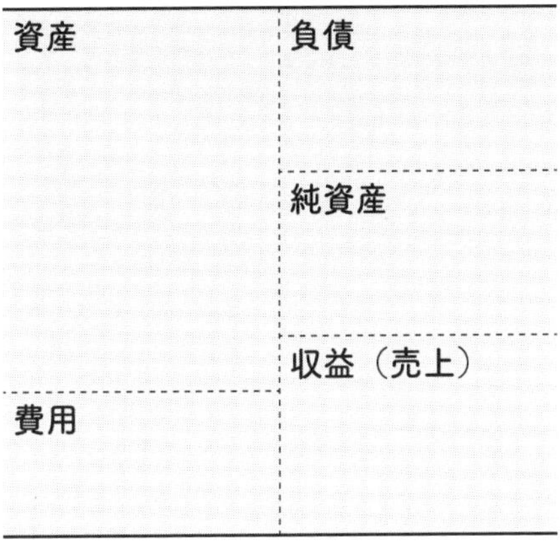

資産	負債
	純資産
費用	収益（売上）

現金が入ってきたら収入として、出ていったら支出として取引を記帳していたわけです。

では、複式簿記とは何でしょうか。複式簿記の「複式」とは2つという意味です。つまり、それぞれの取引を必ず2つの視点から眺めて、図表2－5の試算表の中の、資産、負債、純資産、費用、収益（売上）の5つに分類して記帳するのが複式簿記なのです。では、図表2－6から図表2－9を使って単式簿記と複式簿記の記帳を具体的な事例で説明しましょう。

図表2-6　資本金300万円の記帳

収支計算書

収入	
資本金	300
支出	

単式簿記

試算表　（単位：万円）

資産		負債	
現金	300		
		純資産	
		資本金	300
		収益（売上）	
費用			

複式簿記

資本金３００万円を記帳する

図表２－６は資本金３００万円の例です。資本金３００万円を単式簿記で記帳すると、資本金という現金が３００万円入ってくるだけですから、収支計算書の収入のところに資本金として３００万円が記帳されています。

この同じ資本金３００万円を複式簿記で記帳すると、１つの取引を必ず２つの側面から見て２ヵ所に記帳していきます。試算表の右側の純資産のところに資本金３００万円が記帳されます。資本金は現金の形で会社に入ってきますから、試算表の左側の資産のところに現金３００万円が記帳されています。

図表2-7　借入金200万円の記帳

収支計算書

収入	
借入金	200
支出	

単式簿記

試算表　（単位：万円）

資産		負債	
現金	200	借入金	200
		純資産	
		収益（売上）	
費用			

複式簿記

借入金200万円を記帳する

次は借入金200万円の記帳を見てみましょう。図表2－7をご覧ください。借入金200万円を単式簿記で記帳すると、借入金という現金が200万円入ってくるだけですから、収支計算書の収入のところに借入金として200万円が記帳されています。

この同じ借入金200万円を複式簿記で記帳すると、1つの取引を必ず2ヵ所に記帳しますから、試算表の右側の負債のところに借入金200万円が記帳されます。借入金も現金の形で会社に入ってきますから、試算表の左側の資産のところに現金200万円が記帳されています。

図表2-8　現金の売上100万円の記帳

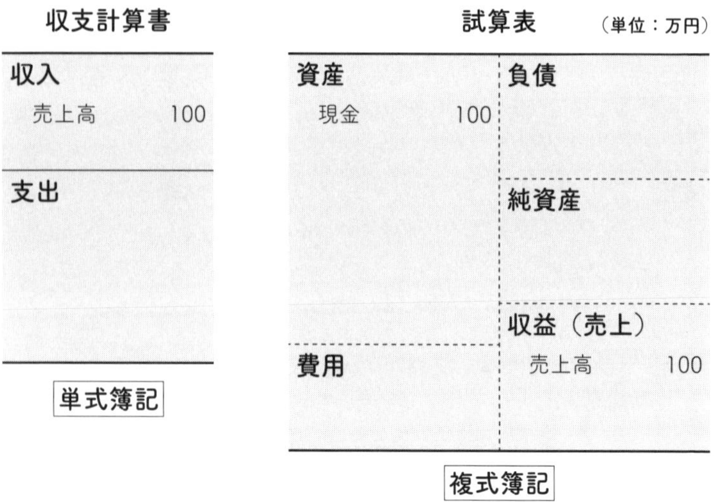

収支計算書

収入	
売上高	100
支出	

単式簿記

試算表　（単位：万円）

資産		負債	
現金	100		
		純資産	
		収益（売上）	
費用		売上高	100

複式簿記

現金の売上１００万円を記帳する

次は現金の売上が１００万円あった場合の記帳を見てみましょう。図表２−８をご覧ください。１００万円の売上を単式簿記で記帳すると、売上という現金が１００万円入ってくるだけですから、収支計算書の収入のところに売上高として１００万円が記帳されています。

この同じ現金の売上１００万円を複式簿記で記帳すると、１つの取引を必ず２ヵ所に記帳しますから、試算表の右側の収益（売上）のところに売上高として１００万円が記帳されます。この売上は現金の売上ですから、試算表の左側の資産のところに現金１００万円が記帳されています。

図表2-9　現金の仕入れ50万円の記帳

収支計算書

収入	
支出	
仕入高	△50

単式簿記

試算表　（単位：万円）

資産		負債	
現金	△50		
		純資産	
		収益（売上）	
費用			
仕入高	50		

複式簿記

▼現金での仕入れ50万円を記帳する

次は現金の仕入れが50万円あった場合の記帳を見てみましょう。図表2－9をご覧ください。50万円の仕入れを単式簿記で記帳すると、仕入れとして現金50万円が会社から出ていくわけですから、収支計算書の支出のところに仕入高として「△（マイナス）50万円」が記帳されています。一般的な収支計算書では、収入も支出も共に正の数で記載されていると思いますが、ここでは現金が出ていったことがイメージしやすいように支出には△（マイナス）をつけています。

この同じ現金の仕入れ50万円を複式簿記で記帳すると、1つの取引を必ず2ヵ所に記帳しますから、試算表の左側の費用のところに仕入高として50万円が記帳されます。この仕入れは現金の仕入れですから、試算表の左側の資産のところから現金が50万円出ていったというように「△（マイナス）50万円」と記帳されています。ここでも現金が会社から出ていったことがイメージしやすいように△（マイナス）をつけています。

このようにすべての伝票を現金の出入りという現金一点、つまり単式簿記で記帳すると収支計算書になります。同じすべての伝票を複式簿記で記帳すると試算表という表ができあがります。

▼試算表を上下に2つに分けたのがBSとPL

図表2－6から図表2－9までの4つの例からわかるように、試算表は必ず右側の合計と左側の合計が一致するように記帳します。これが複式簿記の基本的な記帳のルールです。

この試算表はすべての伝票が記帳されているものですから、会社のお金の動きのすべてがわかります。会社がお金を集めてくる方法は3つしかありません。それは他人から借りるもの（負債）、株主から資本金として注入してもらうもの（純資産）、そして自分の会社が稼ぎ出すもの（収益）です。これが試算表の右側に表されています。この3つの方法で集めてきたお金が、すでに外部に支払われているもの（費用）と、何らかの形で会社の内部に残っているもの（資産）の2つに分類して表されているのが、試算表の左側なのです。

図表2-10 試算表とPL・BSの関係

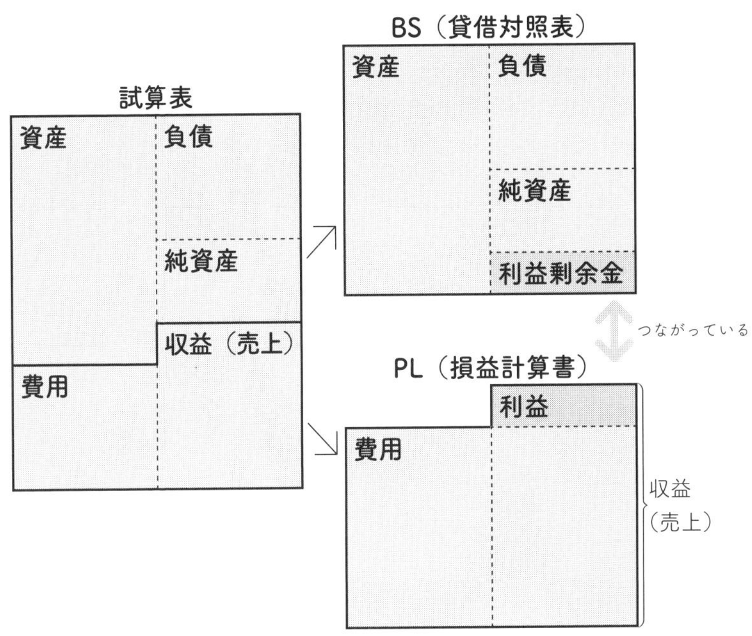

そして、この試算表を真ん中から図表2－10のように上下にパカッと2つに分けると、上がBS、下がPLになります。つまり、BSとPLという2つの表を作るために、複式簿記という方法を使って試算表を作っているのです。

ここで覚えておいていただきたいのは、BSとPLはつながっているということです。下側のPLの右側全体が収益です。収益より費用の方が少なければ、黒字の利益になります。そして、この利益という自分の会社が稼ぎ出したものが、利益剰余金としてBSに積み上がっていくのです。利益と利益剰余金がつながっているのは当たり前ですね。そもそも試算表の重なり部分が、PLに現れるときは利益、ＢＳに現れるときは利益剰余金になるのですから。

伝票を単式簿記で整理すると収支計算書になります。同じ伝票を複式簿記で整理すると試算表になり、そしてその試算表がＰＬとＢＳになります。

単式簿記も複式簿記もすべての伝票を整理しているという点は同じです。したがって、私たちが子供のころから慣れ親しんでいる収支計算書を使ってＰＬとＢＳを勉強すれば、複式簿記会計が簡単に理解できるのです。

さらに言えば、収支計算書が理解できる人なら、複式簿記会計も簡単に理解できるのです。本書の特徴はまさにこの点です。つまり、収支計算書を使って複式簿記会計の基本となる表であるＰＬとＢＳを理解するということなのです。

もう一度、龍一があかねに説明していた収支計算書とＰＬとＢＳの関係図（61ページ）を掲載しておきます。図表２－11です。

左上にあるのが収支計算書、右上がＰＬ、そして下にあるのがＢＳです。まず、ＰＬの利益とＢＳの利益剰余金はつながっています。①のつながりです。これは先ほど説明したように、試算表が２つに分かれたのがＰＬとＢＳであり、試算表の重なり部分がＰＬに現れる場合は利益で、ＢＳに現れる場合は利益剰余金になるからです。

ＢＳの右側の合計と左側の合計は常に一致します。②のつながりです。ＢＳの右側には

図表2-11 収支計算書とPL・BSのつながり

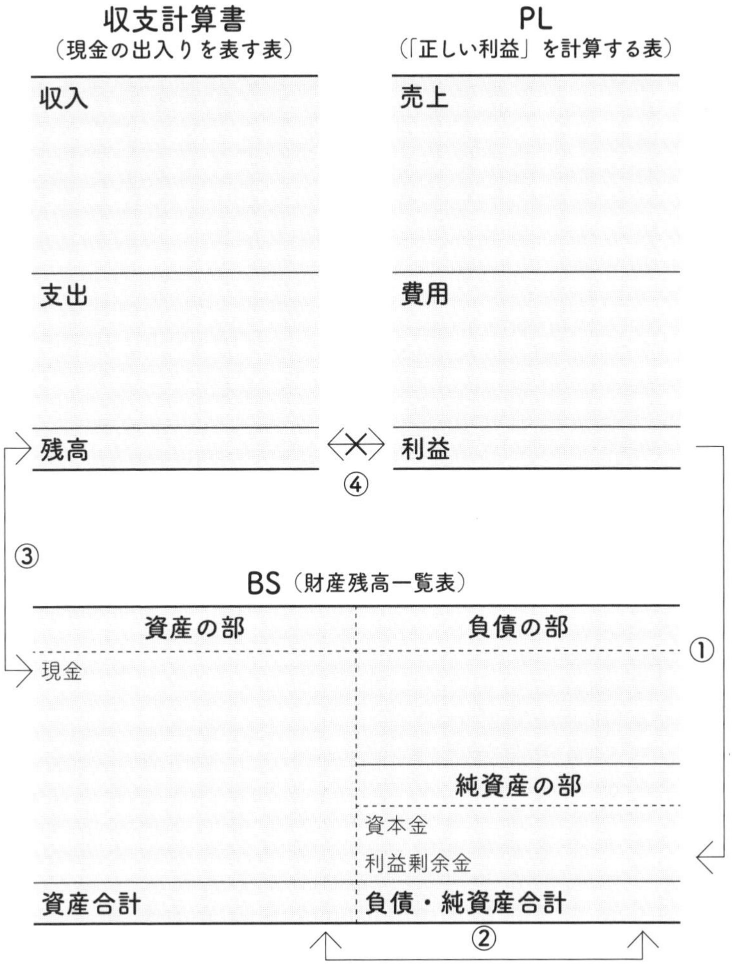

収支計算書 （現金の出入りを表す表）	PL （「正しい利益」を計算する表）
収入	売上
支出	費用
残高	利益

④

③

BS（財産残高一覧表）

資産の部	負債の部
現金	
	純資産の部
	資本金
	利益剰余金
資産合計	負債・純資産合計

①

②

その会社がどうやってお金を集めてきたかが表されていて、その集めてきたお金がいまどういう形に変わって会社の中に存在しているかがBSの左側に表されているのですから、BSの右側の合計と左側の合計は一致するのです。

収支計算書の残高とBSの左側の現金も一致します。収支計算書の残高は、ある時点にその会社にある現金の総額です。BSはある時点の財産残高一覧表で、ある時点に現金の形で会社の中に存在しているのがBSの左側の現金ですから、収支計算書の残高とBSの左側の現金は一致するのです。

最後が④のつながりです。これはつながりというより、一致しないということです。収支計算書の残高とPLの利益は一致しません。これまで何度も説明したように、PLは現金の動きをあらわす表ではなく、正しい利益を計算するための表です。PLには現金の動きを伴わない取引である売掛による売上や買掛による仕入れなどが計上されます。さらに、減価償却費も現金の動きを伴わない費用です。したがって、収支計算書の残高とPLの利益は一致しないのです。

この図表2－11が、収支計算書を使って複式簿記会計の基本となるPLとBSを理解するための基本図になります。この基本図を使って様々な取引に伴う数字を記入することによって、会計の仕組みが腹の底から理解できるようになると思います。

2-5 すべての企業に共通する3つの活動

お金を集める↓投資する↓利益をあげる

▼財務諸表で3つの活動を説明する

すべての企業はPLとBSを基本とする財務諸表を作らなければならないことになっています。なぜ、財務諸表を作らなければならないのでしょうか。

財務諸表を作る目的はいくつもあります。例えば、会社の社長はじめ経営陣が自分の会社の事業実態を数字で把握し、しっかり経営していくための道具として作ります。法人税を計算するための元ネタ帳という意味合いもあります。

ただ、財務諸表を作る一番の目的は、会社の事業実態を会社の関係者に正しく伝えるためなのです。会社の関係者とは、出資をしてくれている株主や、お金を貸してくれている人や、これから出資をしようと思っている投資家たちです。

では、会社の関係者は会社の何を知りたいと思っているのでしょうか。実は、すべての企業が行っている活動は3つです。それは図表2-12に書いているように、お金を集める

図表2-12 すべての企業に共通する3つの活動

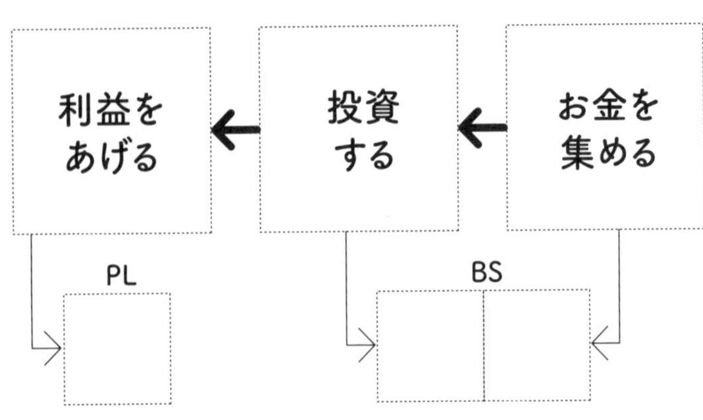

↓投資する↓利益をあげるという3つの活動なのです。

ほとんどのビジネスパーソンは、利益をあげる、つまり売上か費用か利益に責任を持って仕事をしていますので、事業の全体像を意識することはあまりないかもしれませんが、社長なら誰でも知っています。特に自分で会社を起こしたことがある創業社長は誰でも知っています。事業を起こそうと思えば、まずお金が必要になります。それを資本金か借入金という形で集めてきます。何のためにお金がいるかというと、投資のためです。製造業なら工場建設、飲食業なら店舗調達のためにお金が必要です。そして、その投資した工場や店舗を使って利益をあげるのです。

商社や小売業は、集めてきたお金を商材に投資します。その商材を販売して利益をあげます。著者である私のような執筆業は会社を起こすときにほとんどお金が要りません。そんな私も事務所を持っていますし、事務所にはパソコンやファックスが置いてあります。このようにわずかばかりのお金ですが、そのお金を何かに投資し、その投資したものを使って利益をあげているのです。

この［お金を集める］→［投資する］→［利益をあげる］という3つの活動はすべての企業に共通する活動なのです。このすべての企業に共通する3つの活動を、実はPLとBSで表しているのです。

BSは真ん中に線が入っていて左右に分かれていますが、BSの右側にはそれまでにどうやってお金を集めてきたかが表されていて、BSの左側にはその集めてきたお金が何に投資されたかが表されています。そして、PLでその事業年度にどうやって利益をあげたかが計算されているのです。

つまり、すべての企業に共通する［お金を集める］→［投資する］→［利益をあげる］という3つの活動がPLとBSで表されているのです。これが複式簿記会計の全体像です。この図がわかっただけでも、複式簿記会計に対するアレルギーは薄らぐのではないかと思います。

▼事業の全体像を読み解くための手がかり

ここで読者のみなさんに質問です。今ここに年間10億円の利益をあげている会社があったとします。この会社はすごい会社でしょうか、すごくない会社でしょうか。

利益の額だけでは何とも言えませんね。例えば、一人で事業活動やっているような超零細企業が年間10億円の利益をあげていれば、これはとりあえず「すごい」と言っていいと思います。世界中探しても、一人で年間10億円の利益をあげているような人はほとんどいないと思います。しかし、年間約30兆円という、日本で一番売上の多いトヨタ自動車が年間10億円の利益では関係者は誰も満足しないでしょう。

つまり、企業の業績は利益が多いか少ないかだけでは判断できないのです。その利益をあげるためにどれだけの投資をしているか、その投資のためにどうやってお金を集めてきたかという、事業の全体像がわからなければ企業の業績の判断などできないのです。この事業の全体像がＰＬとＢＳで表されているのです。

COLUMN4

木と森の両方を見る

複式簿記会計を理解するにはどうすればよいかと会計の専門家に聞けば、多くの人が「仕訳(しわけ)を勉強しなさい」と言います。つまり、一つひとつの取引を2つの視点から眺めて、それをどのよう試算表に記帳していくか、そのルールを勉強しなさいということです。そして最初に、「借方・貸方」という言葉が出てきて、「この取引は借方のこと、貸方のこの2ヵ所に記帳します」といった勉強が延々と続きます。そもそも「借方・貸方」の意味がわからず、自分がやっていることの全体像もつかめず、ただただ仕訳のルールだけを覚えるといったことが続きますので、多くの人が勉強の意欲を失っていきます。

何事でもそうですが、何かを理解しようと思えば、木と森の両方を見る必要があります。この木と森を同時に見ろというのもドラッカーのアドバイスです。私は仕事をするときに常にこのことを意識しています。

複式簿記会計を理解するには、PLとBSの元になる試算表を作るために、一つひとつの取引を必ず2つの視点から見て帳簿に記帳しているという、図表2－6から図表2－9（88～91ページ）で説明した仕訳の基本的な考え方を理解しておく必要があります。これが一本一本の木を見るということです。

同時に極めて重要なのが、森の全体像を理解するということです。つまり、複式簿記の基本となる表であるPLとBSはそもそも何を表すために作られているのかということです。PLとBSはすべての企業に共通する3つの活動である お金を集める →投資する→利益をあげる ということを表すために作られているのです。つまり、図表2－12（98ページ）で示した図が複式簿記会計の全体像です。

木と森の両方を見ることは、ものごとの本質が理解できるだけでなく、大きな成果を生み出すことにもつながります。作業と仕事は異なります。特に、頭を使って仕事をする知識労働者は仕事をするうえで、この木と森の両方を見る習慣をつけておくことが大切です。

作業の目的は決まっています。作業にとって大切なのは、それをどのように行うかという手段です。例えば、ブロック塀を作るといった作業の目的は決まっています。大切なのはそのブロック塀をいかに作るかということです。

しかし、知識労働では目的を明確にすることがまず重要になります。例えば、本を出版するということで言えば、本の文章をどのように書くかということも大切ですが、そもそもこの本は何のために書くのか、どのような人を対象に何を伝えるために書くのかという目的を明確にすることが極めて重要なのです。

第3章

ここがわかれば複式簿記会計は理解できる

落ち着いて考えるんだ
…例えば仕入れ先に買掛金の支払いを延期してもらうことはできないだろうか?

12月中旬
店頭販売は
何とか回っていた

ワイ
ワイ
ワイ

［第3話］
事業は順調！ なのにお金が足りない

手元の現金は
少ないままだけど
仕入先が買掛※の
仕入れを認めてくれる
ようになったので

多少資金繰りにも
余裕が出てきたし

手元にお金がなくても
大量の仕入れが
できるようになった

ただ
「このままではダメだ」
という思いが常にあった

カタ
カタ
カタ

※代金後払いで商品やサービスを買うこと。

うちの年間売上に
匹敵する注文に
神の救いのような
気もした

現状のままの
商売ではいずれ資金が
ショートする

でも
その会社って
金儲け第一主義の
経営手法で売上を
伸ばしていて

世間でも悪い噂が
立っているよね

私はその注文
受けないほうが
いいと思う

お店を始めるときに
2人で話し合ったよね

決してお金目的の
商売はしないって

うん…
大切な人に心からの
贈物をする人のために
存在するお店にしたい

良江の気持ちはよくわかる
私だって利益目的じゃない人の役に立つ仕事がしたい
ストーンを通してお客様の幸せな笑顔に接する仕事がしたい
でも経営者としての責任を果たすためには
お金の問題は避けては通れない
数日後
私は最終的に注文を受けることに決めた
だったら…
あかねとは一緒にやっていけない！
良江！
結局私は何のために事業をやってるんだろう
事業を続けるために一番大切な友達を失った

年末から
年始にかけては
大量注文の対応に
追われた
理恵ちゃんも
休日返上でよく
がんばってくれた
私が出張などで
留守にしたときも
黙々と仕事を
続けてくれていた
とてもひとりで
できるとは思えない
ほどの量だったのに
ミス一つなかった
おわったぁ――ぁ
無事に
納品できたのも
理恵ちゃんの
おかげだ
その後も
休む暇もなく
働いて1月が
あっという間に
過ぎ去っていった
なんか最近
顔つきが
凛々しく
なってきたな
えっ？
寺坂コンサルタント
そして
2月――
経営者の
顔つきに
なってきた
……
経験値が
上がったのかもね

今日は
掛け商売の
記帳について
教えてほしいの
この前
1000万円の商品は
販売して納品したけど
まだその代金は
受け取ってなくて
同時に
600万円の商品を
仕入れたけど
その代金もまだ
支払ってないの
自分で数字を
入れてみようと
思ったんだけど
よくわからなくて
スッ
ほう!
年間予測を
作ったのか
実は
会計の初心者が
一番理解に苦しむのが
この掛け商売なんだ
これ
コピー
するぞ
いつだったか
複式簿記の会計では
現金の動きとは
関係なく
商品やサービスを
提供した時点で
売上や仕入れに
計上していくと
話したよな?
ウィィーン
うん
それを
念頭に置いて
まずは
売掛金1000万円と
買掛金600万円の処理を
別々に説明しよう
スッ

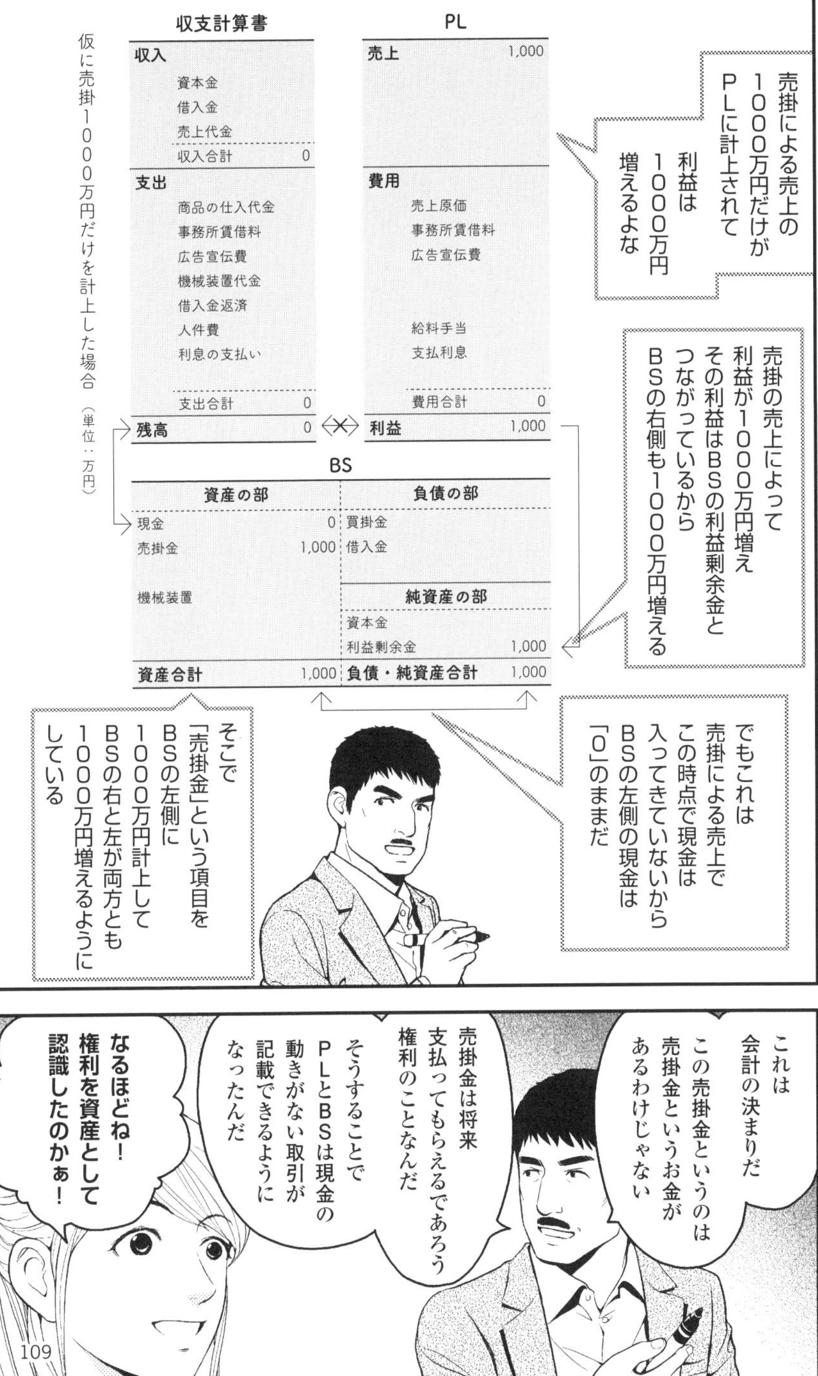

仮に売掛1000万円だけを計上した場合
（単位：万円）
収支計算書
収入
資本金
借入金
売上代金
収入合計 0
支出
商品の仕入代金
事務所賃借料
広告宣伝費
機械装置代金
借入金返済
人件費
利息の支払い
支出合計 0
残高 0
PL
売上 1,000
費用
売上原価
事務所賃借料
広告宣伝費
給料手当
支払利息
費用合計 0
利益 1,000
BS
資産の部
現金 0
売掛金 1,000
機械装置
資産合計 1,000
負債の部
買掛金
借入金
純資産の部
資本金
利益剰余金 1,000
負債・純資産合計 1,000
売掛による売上の1000万円だけがPLに計上されて利益は1000万円増えるよな
売掛の売上によって利益が1000万円増えその利益はBSの利益剰余金とつながっているからBSの右側も1000万円増える
でもこれは売掛による売上でこの時点で現金は入ってきていないからBSの左側の現金は「0」のままだ
そこで「売掛金」という項目をBSの左側に1000万円計上してBSの右と左が両方とも1000万円増えるようにしている
これは会計の決まりだ この売掛金というお金があるわけじゃない
売掛金は将来支払ってもらえるであろう権利のことなんだ
そうすることでPLとBSは現金の動きがない取引が記載できるようになったんだ
なるほどね！権利を資産として認識したのかぁ！

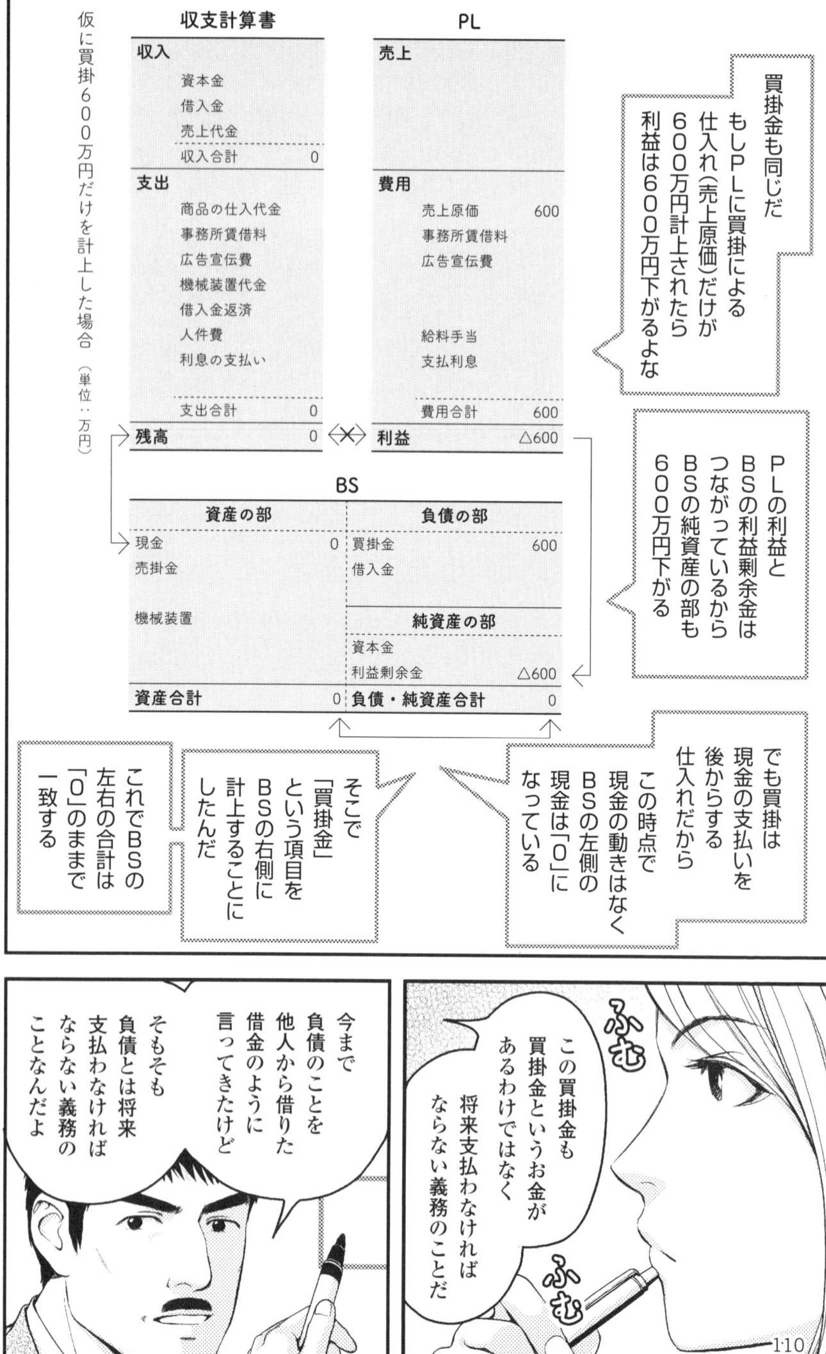

買掛金も同じだ もしPLに買掛による 仕入れ(売上原価)だけが 600万円計上されたら 利益は600万円下がるよな
PLの利益と BSの利益剰余金は つながっているから BSの純資産の部も 600万円下がる
仮に買掛600万円だけを計上した場合（単位：万円）
収支計算書
収入
資本金
借入金
売上代金
収入合計 0
支出
商品の仕入代金
事務所賃借料
広告宣伝費
機械装置代金
借入金返済
人件費
利息の支払い
支出合計 0
残高 0
PL
売上
費用
売上原価 600
事務所賃借料
広告宣伝費
給料手当
支払利息
費用合計 600
利益 △600
BS
資産の部
現金 0
売掛金
機械装置
資産合計 0
負債の部
買掛金 600
借入金
純資産の部
資本金
利益剰余金 △600
負債・純資産合計 0
でも買掛は 現金の支払いを 後からする 仕入れだから
この時点で 現金の動きはなく BSの左側の 現金は「0」に なっている
そこで 「買掛金」 という項目を BSの右側に 計上することに したんだ
これでBSの 左右の合計は 「0」のままで 一致する
ふむ
ふむ
この買掛金も 買掛金というお金が あるわけではなく
将来支払わなければ ならない義務のことだ
今まで 負債のことを 他人から借りた 借金のように 言ってきたけど
そもそも 負債とは将来 支払わなければ ならない義務の ことなんだよ

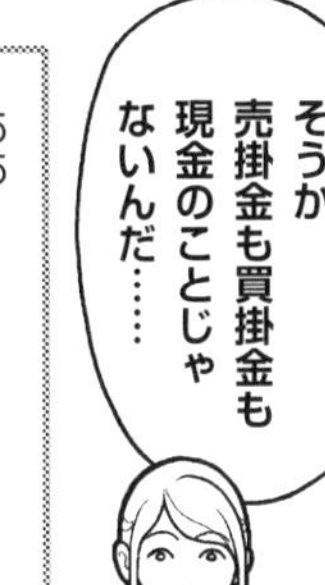

ああ
将来、支払って
もらえるであろう権利が
売掛金として
資産の部に計上されて

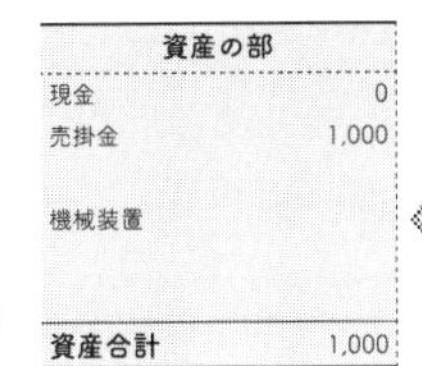

BS

資産の部	
現金	0
売掛金	1,000
機械装置	
資産合計	1,000

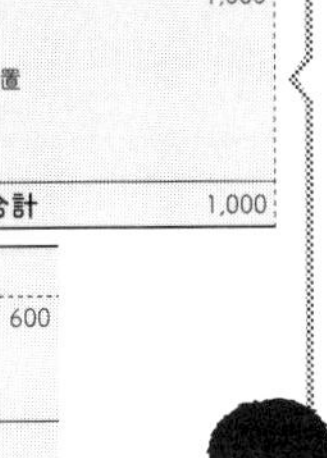

負債の部	
買掛金	600
借入金	
純資産の部	
資本金	
利益剰余金	△600
負債・純資産合計	0

将来支払わなければ
ならない義務が
買掛金として
負債の部に計上される

買掛で商品を
仕入れて
売掛で販売した
だけで

現金の動きは
ないんだから
収支計算書は
何も動かない

この時点で
収支計算書は
現金は50万円の
ままだ

売掛1000万円と買掛600万円の計上（単位：万円）

収支計算書	
収入	
資本金	300
借入金	200
売上代金	1,200
収入合計	1,700
支出	
商品の仕入代金	600
事務所賃借料	120
広告宣伝費	30
機械装置代金	300
借入金返済	
人件費	600
利息の支払い	
支出合計	1,650
残高	50

あかねが作った
年間見通しの表の
コピーと見比べながら
話を聞くといい

PLには売掛の売上と
買掛の仕入れ(売上原価)
を計上する

もともと
あかねの見通しでは
年間1200万円あった
売上に加えて
1000万円の売掛の売上が
あったんだから売上は
合計で2200万円になる

売上原価も同じだ
現金の仕入れが
600万円に
買掛の仕入れが
600万円だから
合計の売上原価は
1200万円

アクセサリー店の年間予測（単位：万円）

収支計算書

項目		金額
収入		
	資本金	300
	借入金	200
	売上代金	1,200
	収入合計	1,700
支出		
	商品の仕入代金	600
	事務所賃借料	120
	広告宣伝費	30
	機械装置代金	300
	借入金返済	
	人件費	600
	利息の支払い	
	支出合計	1,650
残高		50

PL

項目		金額
売上		1,200
費用		
	売上原価	600
	事務所賃借料	120
	広告宣伝費	30
	給料手当	600
	支払利息	
	費用合計	1,350
利益		△150

BS

資産の部		負債の部	
現金	50	借入金	200
機械装置	300	**純資産の部**	
		資本金	300
		利益剰余金	△150
資産合計	350	**負債・純資産合計**	350

売掛1000万円と買掛600万円の計上（単位：万円）

収支計算書

項目		金額
収入		
	資本金	300
	借入金	200
	売上代金	1,200
	収入合計	1,700
支出		
	商品の仕入代金	600
	事務所賃借料	120
	広告宣伝費	30
	機械装置代金	300
	借入金返済	
	人件費	600
	利息の支払い	
	支出合計	1,650
残高		50

PL

項目		金額
売上		2,200
費用		
	売上原価	1,200
	事務所賃借料	120
	広告宣伝費	30
	給料手当	600
	支払利息	
	費用合計	1,950
利益		250

BS

資産の部		負債の部	
現金	50	買掛金	600
売掛金	1,000	借入金	200
機械装置	300	**純資産の部**	
		資本金	300
		利益剰余金	250
資産合計	1,350	**負債・純資産合計**	1,350

PLは
その期の正しい利益を
計算するための表だから
現金の動きとは関係なく
商品やサービスを提供したり
受け取ったりした時点で
その取引をPLに計上するのね！

じゃあ
次はBSだが
売掛や買掛で
難しいのはBSだ
売掛による売上や
買掛による仕入れを
計上した時点で
現金の動きはない
現金は50万円のままだ
年間予測表と
どこが変わってるか
わかるか?
さっき
説明してくれた
売掛と買掛の表と
同じね
BSの左側に売掛金として
1000万円が計上され
BSの右側には買掛金として
600万円が計上されているわ
その通りだ!
これで売掛金
買掛金の理解は
完璧だな
うん!
売掛金と買掛金は
現金じゃない!
ついでに言っておくと
BSの右側の利益剰余金も
現金のことじゃないからな
現金はBSの左側の
一番上に書かれてる
だけだ
えっ
そうなの?
おいおい
いいか?
BSの右側は
どうやって
お金を集めてきたか
ということを
表しているだけで
集めてきた
お金はすでに何かに
使われている
BSで現金を
表しているのは
BSの左上の
現金のところだけだ
了解!
○○金というのは
現金じゃない!
メモしておこう
カリ
カリ

買掛金返済シミュレーション（単位：万円）

収支計算書

収支計算書		
収入		
	資本金	300
	借入金	200
	売上代金	1,200
	収入合計	1,700
支出		
	商品の仕入代金	1,200
	事務所賃借料	120
	広告宣伝費	30
	機械装置代金	300
	借入金返済	
	人件費	600
	利息の支払い	
	支出合計	2,250
残高		△550

PL

PL		
売上		2,200
費用		
	売上原価	1,200
	事務所賃借料	120
	広告宣伝費	30
	給料手当	600
	支払利息	
	費用合計	1,950
利益		250

BS

資産の部		負債の部	
現金	△550	買掛金	0
売掛金	1,000	借入金	200
		純資産の部	
機械装置	300	資本金	300
		利益剰余金	250
資産合計	750	負債・純資産合計	750

収支計算書の
商品の仕入代金は
以前の現金600万円の
仕入れに加えて
買掛金の支払いによる
600万円が仕入代金として
出ていくから

期が始まってからの
仕入代金の合計は
1200万円になる

これで現金の残高は
マイナスの550万円だ

PLだが
買掛の仕入れは
仕入れたときに
売上原価として
計上しているから

買掛金を
支払っても
PLは変化しない

BSの右側
将来支払わなければ
ならない義務を
果たし終えたので
買掛金は「0」だ

BSの左側は
現金が600万円
少なくなって
50万円あった現金が
マイナス550万円に
なっている

あれ…お父さん
BSにマイナスは出てこないんじゃないの？
そうだ
BSの現金がマイナスになることなんてありえない
現実のビジネスを考えればわかるだろう
買掛金600万円を支払うのに会社にお金がなかったら
何らかの方法でお金を集めてくる必要があるんだ
あかねの会社は当然、買掛金の支払いの前に売掛金が回収できるようになっているんだろうな？
……！
もっ…もちろん
…そうか ならいい
ついでに売掛金を回収したところまでやっとくか

収支計算書の売上代金は現金売上の1200万円に加えて新たに売掛の1000万円が回収されるから最終的に2200万円になる

BSの左側は現金が1000万円増えるからマイナス550万円がプラスの450万円になる

売掛金は回収されたんだから「0」になるな

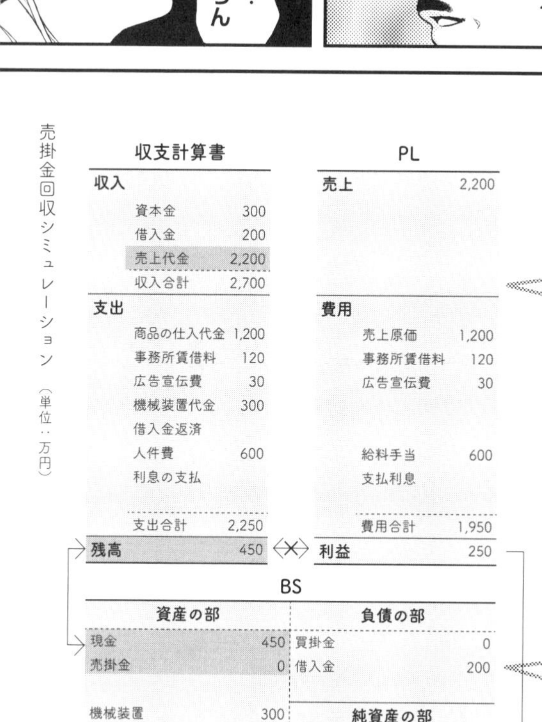

売掛金回収シミュレーション（単位：万円）

収支計算書

収支計算書	
収入	
資本金	300
借入金	200
売上代金	2,200
収入合計	2,700
支出	
商品の仕入代金	1,200
事務所賃借料	120
広告宣伝費	30
機械装置代金	300
借入金返済	
人件費	600
利息の支払	
支出合計	2,250
残高	450

PL

PL	
売上	2,200
費用	
売上原価	1,200
事務所賃借料	120
広告宣伝費	30
給料手当	600
支払利息	
費用合計	1,950
利益	250

BS

資産の部		負債の部	
現金	450	買掛金	0
売掛金	0	借入金	200
		純資産の部	
機械装置	300	資本金	300
		利益剰余金	250
資産合計	750	**負債・純資産合計**	750

これで終了だ
……
どうしよう…
もちろん…って
返事したけど
買掛金600万円の
支払いは2月末なのに
売掛金1000万円の
回収は4月末だ
このままでは
買掛金の支払いも
おじいちゃんの借金も
返済できない
なんで
気がつか
なかったの～
違う
人のせいにして
最低だ…
昨年末は
良江が会社を離れて
大きなショックだったし
それから1月末までは
大量注文の処理で…

グッ
どうすればいいの……？

あの子…大丈夫かしら？
夕食も食べないで部屋にこもったきりよ？

あなた600万円貸してあげるわけにはいかないんですか？
売掛金のお金が入ってくることは間違いないいんでしょう？
あかねは今とても大切な局面にいるんだ

あかねにビジネスを続けていけるだけの能力があるかどうか
そしてビジネスを続けていくかどうかのあかね自身の覚悟が今問われているんだよ
それにあかねはまだまだ大丈夫だと思っているんだ俺は――

落ち着いて
考えるんだ
…例えば
仕入先に買掛金の
支払いを延期して
もらうことは
できないだろうか？

でも仕入先とは
初めての取引だ
あかねを信用して
あかねに融資するんだ
…やはり
買掛金の支払いを
延期すべきでは
ない

だとしたら
売掛金の回収を
早めることは
無理なのか？
うん…
恥ずかしい話だけど
お客様に事情を話して
早めに入金してもらうよう
お願いしよう

次の日
朝一番に客先へ
電話をした
契約書通りに
お願いします
ガチャン
取りつく島もなく
電話を切られた

パラ
いや
まだまだ
やれることは
あるはず
パラ
だれか
私に投資して
くれそうな人は…
パラ
パラ
私はこれまでに
出会った人の
名刺をめくり始めた
つまりは
藁にもすがっている
その真っ最中である
あ…
そう言えば…
バサ
その藁は
名刺ではなく
私の思い出の
中にあった
倉橋さん…
お父さんの友人で
今は投資顧問会社の
社長さんだ
私は
高層ビルからの
景色を楽しむ
余裕はなく
資金繰りの
ことばかりが
気になっていた
Memory
Album

会社は赤字になっても
倒産はしない
でも
お金が回らないと
終わりだということが
今回のことでよくわかった
もし倒産したら
多くの関係者に
迷惑をかけてしまう
だから経営者は
決して会社を
潰してはならない
グッ
お待たせ
しました
ご無沙汰して
います！
龍一の友人 投資顧問会社社長
倉橋哲也（くらはしてつや） 40歳
倉橋さんは
相変わらず
お元気そうですね
倉橋さんがうちに
よく遊びに来て
くださっていたのは
10年くらい前だった
でしょうか？
僕が会社を
設立した頃
ですからね
あかねちゃんは
まだ高校生だった
はい…

去年お父さんに
お会いしたとき
あかねちゃんが会社を
起こしたと聞きました
実は…
その会社のことで
今日は相談があって
伺いました
私は事業の内容や
会社を設立してから
現在までのこと
かいつまんで説明してから
単刀直入に言った
倉橋さん…
私の会社に出資して
いただけませんか？
……
どうやら、あなたは
友人のお嬢さんとして
こちらへお見えになった
わけではないようですね
はい、ひとりの
経営者として
お伺いしました
そうですか
では
まず始めに
お聞かせください
あなたの
ビジネス観について
えっ…
何を大切にして
ビジネスを
なさっていますか？

……

はい
ビジネスで
一番大切なのは

その言葉に私はどんなに救われたことか
言葉とともに彼女がくれた石は私の宝物になっています
その気持ちが創業の原点です
ストーンは私が経験したように人と人との心をつなぐ重要な役割を担っていくと思います
誰かの役に立っていることを実感することは私を幸せにしてくれます
もう一つ仕事を通して味わえる喜びは新しいものを創造するということです
今までになかった新しい商品やサービスを創造することは私にとって大きな喜びです
これからは国境を越えて同じ志と価値観を持つ人たちが共に働く時代になると思います
もちろん私のビジネスもグローバルに展開させていくつもりです

私にとってのビジネスは
人への貢献であり
価値の創造であり
新しい時代への挑戦です！

これが私のビジネス観であり
このContribution・Creation・Challengeの
3つのCが
社名のシースリー（^{3}C）の
由来でもあります！

……

なるほど
わかりました

弊社は有望な
ベンチャー企業への
融資制度を
持っています

担当者に
会社への融資が可能か
検討するように
伝えておきますので

…倉橋さん

あなたの言葉は
とても響きました

ありがとう
ございます！

応援してますよ
寺坂さん！

2月下旬
倉橋さんの会社が審査した結果800万円のつなぎ融資をしてくれることになった

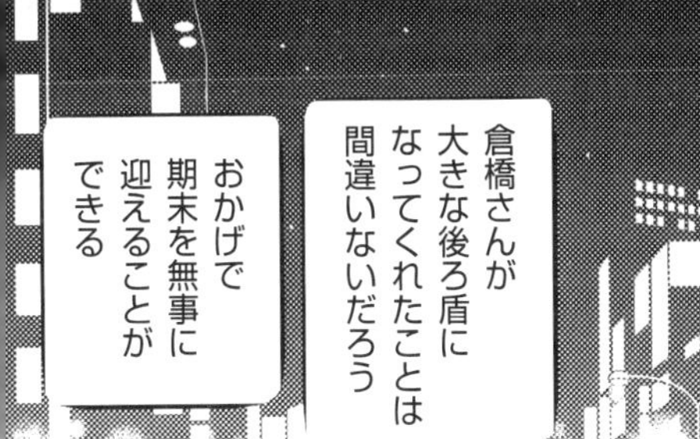

倉橋さんが大きな後ろ盾になってくれたことは間違いないだろう
おかげで期末を無事に迎えることができる

もうすぐ3月…決算期を迎えるのかぁ

私は今年1年の取引を整理しようと思った
よしっ

収支計算書の借入金はおじいちゃんからの借入金200万円に今回の融資による借入金が800万円加わり1000万円になっている

借入金だからもちろんPLに変化はない

BSの右側は借入金が1000万円になってもとの200万円から800万円増えている

BSの左側は現金が50万円から850万円に800万円増えている

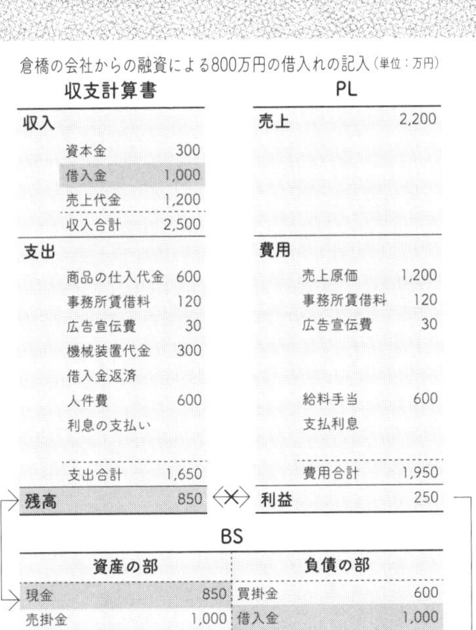

倉橋の会社からの融資による800万円の借入れの記入（単位：万円）

収支計算書

項目	金額
収入	
資本金	300
借入金	1,000
売上代金	1,200
収入合計	2,500
支出	
商品の仕入代金	600
事務所賃借料	120
広告宣伝費	30
機械装置代金	300
借入金返済	
人件費	600
利息の支払い	
支出合計	1,650
残高	850

PL

項目	金額
売上	2,200
費用	
売上原価	1,200
事務所賃借料	120
広告宣伝費	30
給料手当	600
支払利息	
費用合計	1,950
利益	250

BS

資産の部		負債の部	
現金	850	買掛金	600
売掛金	1,000	借入金	1,000
		純資産の部	
機械装置	300	資本金	300
		利益剰余金	250
資産合計	2,150	**負債・純資産合計**	2,150

これでなんとか買掛金の支払いとおじいちゃんへの返済ができそうだ

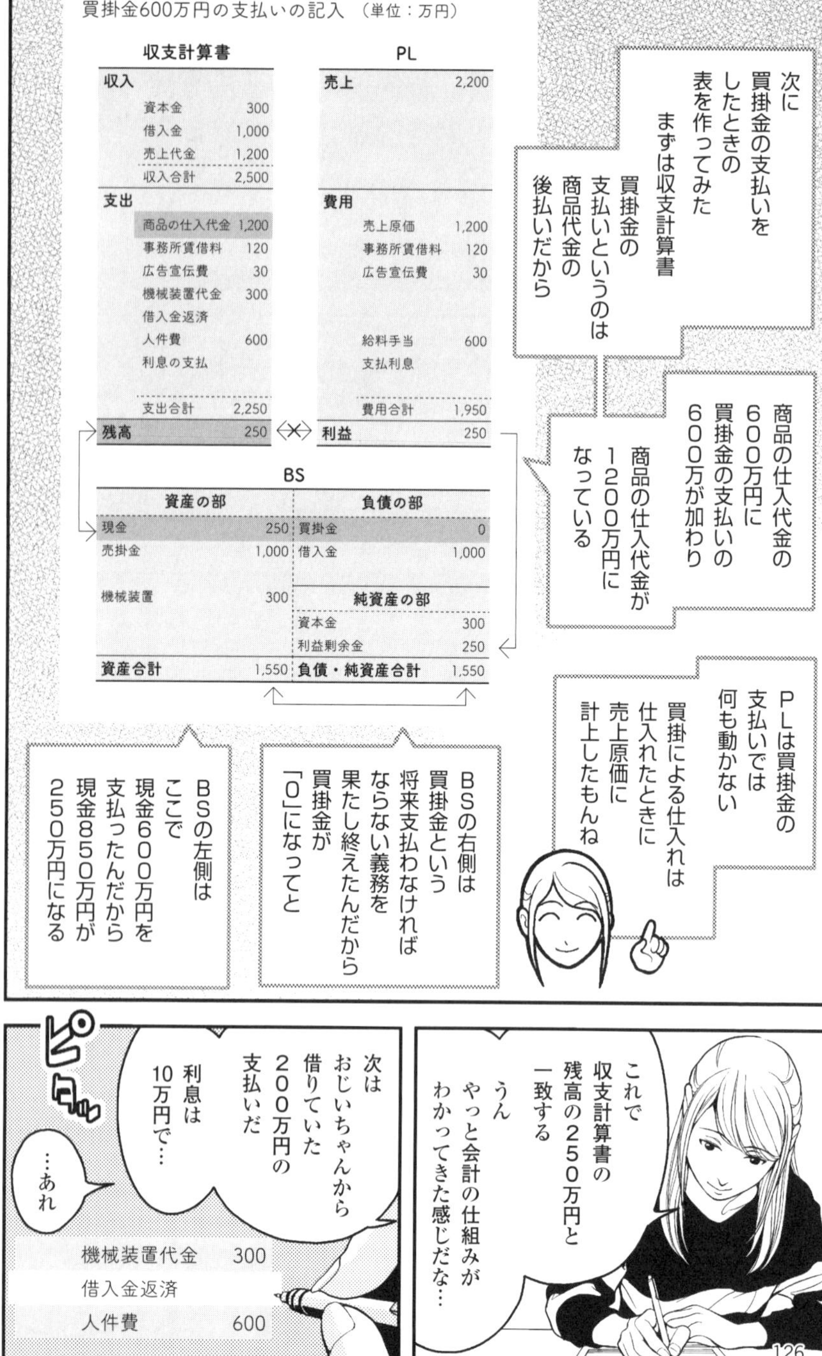

買掛金600万円の支払いの記入　（単位：万円）

収支計算書

収支計算書	
収入	
資本金	300
借入金	1,000
売上代金	1,200
収入合計	2,500
支出	
商品の仕入代金	1,200
事務所賃借料	120
広告宣伝費	30
機械装置代金	300
借入金返済	
人件費	600
利息の支払	
支出合計	2,250
残高	250

PL

PL	
売上	2,200
費用	
売上原価	1,200
事務所賃借料	120
広告宣伝費	30
給料手当	600
支払利息	
費用合計	1,950
利益	250

BS

資産の部		負債の部	
現金	250	買掛金	0
売掛金	1,000	借入金	1,000
		純資産の部	
機械装置	300	資本金	300
		利益剰余金	250
資産合計	1,550	**負債・純資産合計**	1,550

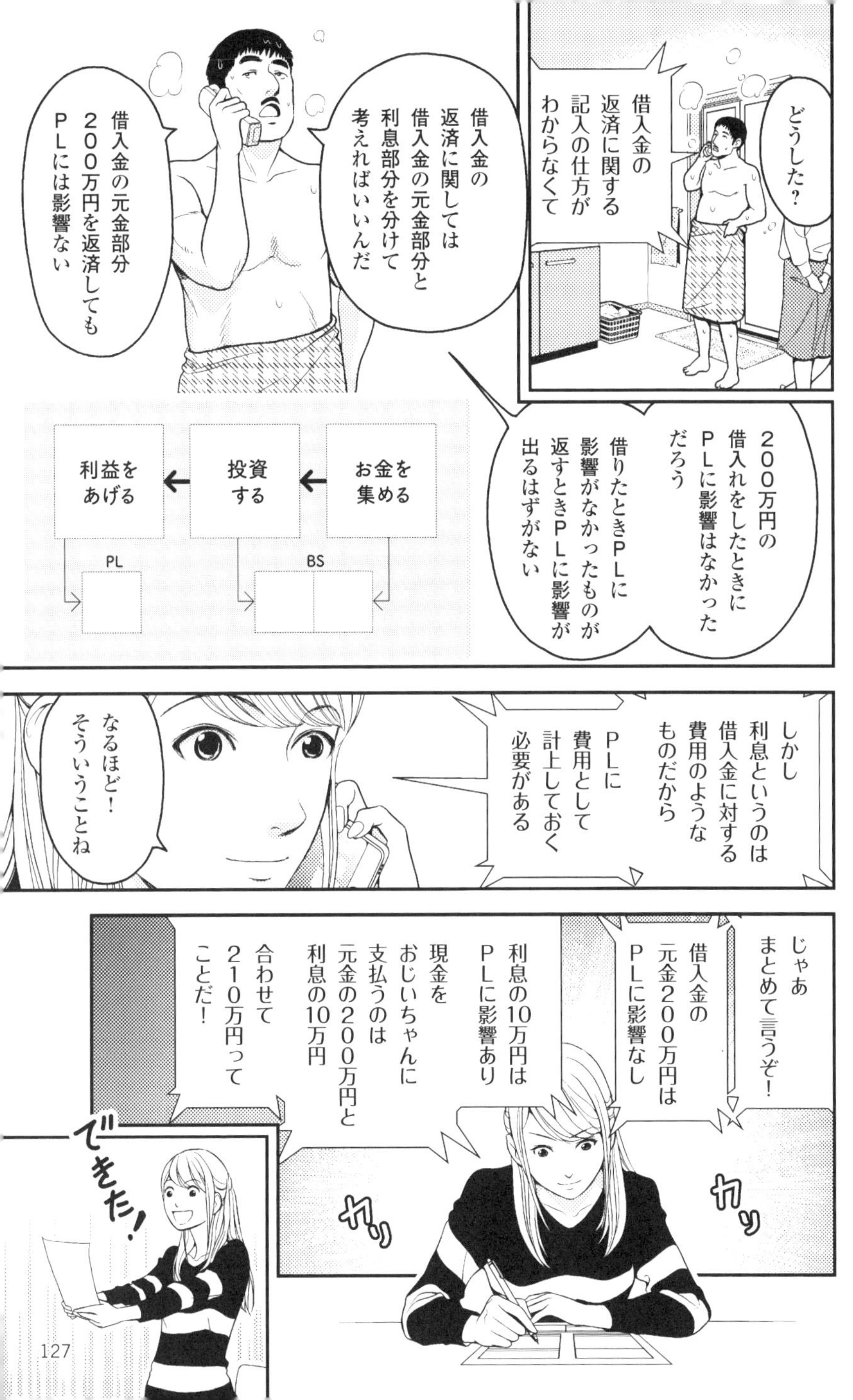
どうした？
借入金の返済に関する記入の仕方がわからなくて
借入金の返済に関しては借入金の元金部分と利息部分を分けて考えればいいいんだ
借入金の元金部分200万円を返済してもPLには影響ない
200万円の借入れをしたときにPLに影響はなかっただろう
借りたときPLに影響がなかったものが返すときPLに影響が出るはずがない
お金を集める
投資する
利益をあげる
BS
PL
しかし利息というのは借入金に対する費用のようなものだから
PLに費用として計上しておく必要がある
なるほど！そういうことね
じゃあまとめて言うぞ！
借入金の元金200万円はPLに影響なし
利息の10万円はPLに影響あり
現金をおじいちゃんに支払うのは元金の200万円と利息の10万円
合わせて210万円ってことだ！
カリ
カリ
できた！

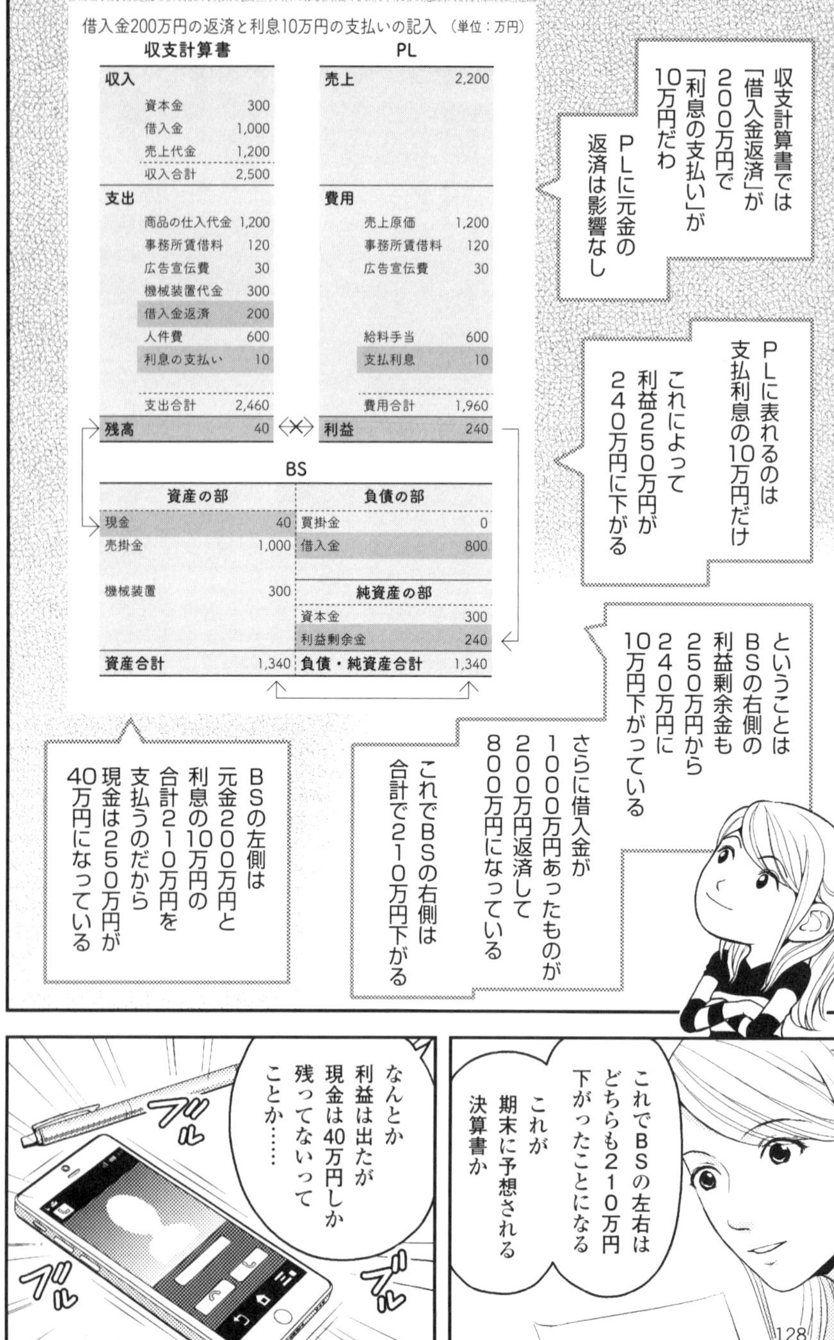

借入金200万円の返済と利息10万円の支払いの記入 （単位：万円）

収支計算書			PL		
収入			売上		2,200
	資本金	300			
	借入金	1,000			
	売上代金	1,200			
	収入合計	2,500			
支出			費用		
	商品の仕入代金	1,200		売上原価	1,200
	事務所賃借料	120		事務所賃借料	120
	広告宣伝費	30		広告宣伝費	30
	機械装置代金	300			
	借入金返済	200			
	人件費	600		給料手当	600
	利息の支払い	10		支払利息	10
	支出合計	2,460		費用合計	1,960
残高		40	利益		240

BS

資産の部		負債の部	
現金	40	買掛金	0
売掛金	1,000	借入金	800
機械装置	300	純資産の部	
		資本金	300
		利益剰余金	240
資産合計	1,340	負債・純資産合計	1,340

あれ
お父さん
どうしたの？
ちょっと聞くけど
決算整理まで
ちゃんと
やってんのか？
決算整理？
減価償却費や
在庫の計上の
ことだよ！
えっ？
おいおい！
「えっ？」じゃ
ないだろう？
決算整理をせずに
最終の数字とは
言えないぞ!?
決算整理については
今度、説明するから
そうだな
月末に棚卸しを
してからだな
おい
あかね？
聞いてるのか？
……
減価償却の
ことなんか
全然考えてない
んだろうな…
減価償却費…かぁ

3―1 売掛と買掛の仕組み

現金の動きを伴わない取引を理解する

▼掛け商売とは

あかねのビジネスに拡大のチャンスが訪れます。企業からの大口注文です。株式会社シースリー（C³）の年間売上にも匹敵する規模の注文で物語は大きく動き始めます。お金の動きはどうでしょうか。規模も大きいだけに、通常の現金の取引ではないようです……。

収支計算書は現金の出入りをあらわす表ですからわかりやすいものです。収支計算書と複式簿記会計の大きな違いは、複式簿記会計が現金の動きの伴わない取引を表すところです。その一つが売掛とか買掛とかといった掛け商売です。

企業と企業の間のビジネスはほとんどが掛け商売です。つまり、商品やサービスの受け渡しと、現金の受け渡しのタイミングがずれる取引です。この処理の考え方がわかれば複式簿記会計の一番難しい所がわかったといっていいでしょう。一番大切なところなので、マンガの109ページにある売掛の処理と110ページにある買掛の処理をもう一度文章で説明しておきます。

▼売掛による売上1000万円をPLに計上する

例えば、売掛による売上が1000万円あった場合、現金の回収ができていなくても、その期の正しい利益を計算するためには商品を販売した時点でPLに売上として計上します。それが、PLの一番上の1000万円です（次ページの図表3－1）。

売掛の仕組みを理解してもらうために、ここでは費用は無視しています。売掛による売上が1000万円計上され、費用は計上されていませんから、利益は1000万円になっています。このPLの利益がBSの利益剰余金とつながっていますから、BSの利益剰余金は1000万円になっています。

BSの左側を見てみましょう。売掛の売上では現金の動きはありませんから現金は「0」のままです。BSの左側は売掛金という項目に1000万円が計上されます。この売掛金の意味合いは、将来支払ってもらえるであろう権利を資産として計上しているという感じです。こういう売掛金という概念を作り出すことによって、複式簿記会計は現金の動きのない取引を処理できるようになったのです。ちなみに、売掛による売上で現金の動きはないですから、収支計算書は何の動きもありません。

図表3-1　仮に売掛1000万円だけを計上した場合　（単位：万円）

収支計算書

収入		
	資本金	
	借入金	
	売上代金	
	収入合計	0
支出		
	商品の仕入代金	
	事務所賃借料	
	広告宣伝費	
	機械装置代金	
	借入金返済	
	人件費	
	利息の支払い	
	支出合計	0
残高		0

PL

売上		1,000
費用		
	売上原価	
	事務所賃借料	
	広告宣伝費	
	給料手当	
	支払利息	
	費用合計	0
利益		1,000

BS

資産の部		**負債の部**	
現金	0	買掛金	
売掛金	1,000	借入金	
		純資産の部	
機械装置		資本金	
		利益剰余金	1,000
資産合計	1,000	**負債・純資産合計**	1,000

▼買掛による仕入600万円をPLに計上する

次は買掛による仕入れの処理です。次のページの図表3－2です。例えば、買掛による仕入れが600万円あった場合、仕入代金を支払っていなくても、その期の正しい利益を計算するためにPLに売上原価として600万円を費用計上します。今回も買掛の仕組みだけに注目していますので、売上は無視しています。費用だけ600万円計上しましたから、利益は△（マイナス）600万円という赤字になっています。このPLの利益△（マイナス）600万円がBSの利益剰余金とつながっています。

この買掛による仕入れでもこの時点で現金の動きはありませんから、BSの左側の現金は「0」のままです。BSの右側の買掛金のところに600万円が計上されています。

読者のみなさんの中には、この買掛金がBSの右側の負債の部に計上されているイメージがよく理解できない人がいるかもしれません。そういう人はこのように考えてみてください。もし、仕入先が買掛の商売を受けつけてくれなくて、現金商売しかダメだと言われ、会社に600万円のお金がなければ、誰かから新たに600万円を借りてきて、仕入先に600万円を支払って仕入れをしますね。仕入先が買掛の商売がOKと言ってくれているのは、商品を受け取っていながらお金を払っていないということですから、しばらくの間

図表3-2　仮に買掛600万円だけを計上した場合　（単位：万円）

収支計算書

収入	
資本金	
借入金	
売上代金	
収入合計	0
支出	
商品の仕入代金	
事務所賃借料	
広告宣伝費	
機械装置代金	
借入金返済	
人件費	
利息の支払い	
支出合計	0
残高	0

PL

売上	
費用	
売上原価	600
事務所賃借料	
広告宣伝費	
給料手当	
支払利息	
費用合計	600
利益	△600

BS

資産の部		**負債の部**	
現金	0	買掛金	600
売掛金		借入金	
		純資産の部	
機械装置		資本金	
		利益剰余金	△600
資産合計	0	**負債・純資産合計**	0

仕入先にお金を借りているのと同じことになります。ですから、負債の部の借入金と同じようなところに、いわば借金と同じようなものである買掛金として６００万円が計上されているのです。

負債の正しい意味は、「将来支払わなければならない義務」という意味です。買掛金も借入金も同じく将来支払わなければならない義務なのです。この買掛金という概念をつくり出すことによって複式簿記会計は現金の動きの伴わない取引を処理することができるようになったのです。

3－2 利益剰余金の意味

現金ではなく「儲けの積み上げ」のこと

利益剰余金が多いからといって現金がたくさんあるわけではない

売掛金とか買掛金というように「金」という字がついていると、それを現金のように錯覚する人もいるかと思いますが、売掛金や買掛金は現金のことではありません。売掛金は将来支払ってもらえるであろう権利であり、買掛金は将来支払わなければならない義務を意味しています。

同じようにBSの利益剰余金も現金のことではありません。利益剰余金のことを、会社が稼ぎ出したお金を積み上がったものだというように説明するので、利益剰余金という現金が積み上がっているように錯覚する人が少なくありません。

利益が現金ではないように、利益の積み上げの利益剰余金も現金ではないのです。利益剰余金は英語で"Retained earnings"と言います。直訳すれば「儲けの積み上げ」といった感じです。

利益剰余金は内部留保と呼ばれることがあります。「あの会社は内部留保がたくさんあり、従業員の給料もあげてないし、投資もしてないのでけしからん」などという人がいますが、これは「私は会計のことがわかっていません」と言っているようなものです。

読者のみなさんも勉強してきておわかりだと思いますが、給料をあげないと費用が比較的少なくなり、利益が増えて利益剰余金が増え、内部留保が大きくなる面はあります。しかし、内部留保が多いから投資をしていないなどとは言えないのです。投資をしているかどうかはBSの左側を見なければなりません。

BSの右側にたくさんの利益剰余金が積み上がり、BSの左側を見ればそれが現金のまま会社に貯まっている会社もあります。しかし、たくさんの利益剰余金が積み上がっていても、BSの左側を見ればそれはすでに何かに投資されている場合もあります。

繰り返しますが、BSの右側に「利益剰余金」という現金が積み上がっているわけではないのです。会社が現金をいくら持っているかは、BSの左側の現金のところに示されているのです。

3-3 勘定合って銭足らず

売掛金回収と買掛金支払いのタイミングの差に要注意！

一般的には買掛金の支払いが先

あかねが買掛金の600万円を支払ったとしたら会社の経営はどうなるのか。それを示したのが114ページ（図表3-3に再掲）の「買掛金返済シミュレーション」です。この表は、事業経営を行ううえで極めて重要です。通常のビジネスは、買掛で仕入れをして、その仕入れたものを売掛で販売して、その後まず買掛金の支払いが訪れるという時間的な流れになります。つまり、一般的には売掛金の回収より買掛金の支払いの方が早いタイミングで訪れるのです。

次ページの「買掛金返済シミュレーション」の表は、売掛と買掛の取引を計上し、買掛金の支払いを済ませたタイミングの表ですから、会社はこの表のような状況になっているのが普通なのです。

この時点で利益は250万円あります。しかし現金は△（マイナス）550万円になっ

図表3-3 買掛金返済シミュレーション

（単位：万円）

収支計算書

収入	
資本金	300
借入金	200
売上代金	1,200
収入合計	1,700
支出	
商品の仕入代金	1,200
事務所賃借料	120
広告宣伝費	30
機械装置代金	300
借入金返済	
人件費	600
利息の支払い	
支出合計	2,250
残高	△550

PL

売上	2,200
費用	
売上原価	1,200
事務所賃借料	120
広告宣伝費	30
給料手当	600
支払利息	
費用合計	1,950
利益	250

BS

資産の部		負債の部	
現金	△550	買掛金	0
売掛金	1,000	借入金	200
		純資産の部	
機械装置	300	資本金	300
		利益剰余金	250
資産合計	750	**負債・純資産合計**	750

ています。これは単なるシミュレーションであり、実際には現金がマイナスになることはあり得ません。現金がマイナスになるようであれば、誰かから借りてくるか、誰かに追加の出資をしてもらわなければならないのです。

このように利益はちゃんと出ているのに、会社に十分なお金がないという状況はよく起こります。それはおもに売掛金の回収のタイミングと買掛金の支払いのタイミングが違うからです。こういう状態を「勘定合って銭足らず」と言うのでしょう。

例えば、この「買掛金返済シミュレーション」の時点で、この会社が決算期を迎えたとしましょう。250万円の利益が出ていますから法人税を払わなければなりません。このくらいの利益だと70万円から80万円の法人税になるでしょう。この会社は利益が出ているのに、税金を払うために借金をしなければならないのです。

3－4 キャッシュフローマネジメントとはタイミングのマネジメント

会社に現金が足りなくならないように注意すべき点とは

赤字になってもつぶれない会社・黒字でも倒産する会社

キャッシュフローマネジメントという言葉があります。キャッシュフローマネジメントという言葉はいろいろな意味で使われるのですが、狭義のキャッシュフローマネジメントとは、会社に現金が足りなくなったりしないようにキャッシュ（現金）をマネジメントすることです。それはすなわちタイミングのマネジメントのことなのです。

先ほど、通常のビジネスは、買掛で仕入れをして、その仕入れたものを売掛で販売して、その後まず買掛金の支払いが訪れるという時間的な流れになると言いました。それを図にすると図表3－4のようになります。

キャッシュフローマネジメントとは、会社からお金が出ていくAの時点と、お金が会社に入ってくるBの時点のタイミングのマネジメントのことなのです。

販売を現金商売で行っているような飲食店などはキャッシュフローマネジメントが楽で

図表3-4　タイミングのマネジメント

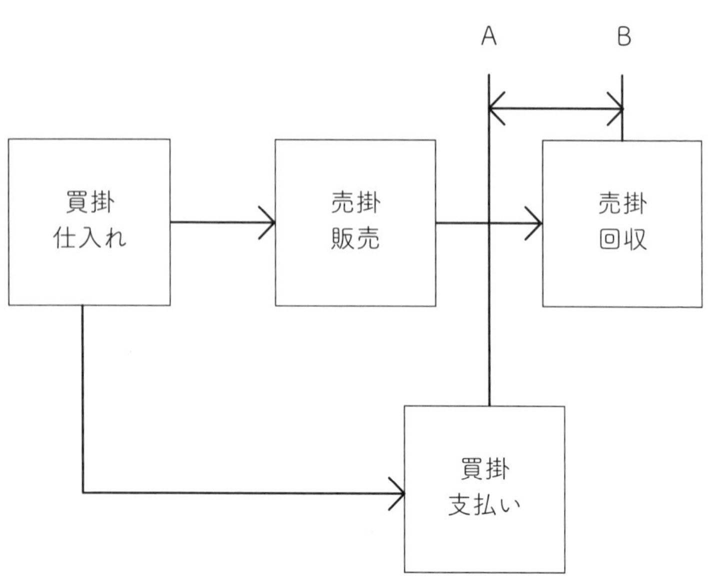

す。現金は販売時点で回収されます。一方で、仕入れはほとんどの場合が買掛でしょうから、常に現金の支払いより現金の回収の方が早く訪れるのです。

逆に、大企業などと付き合うと、製品を納入してその代金が支払われるのは6ヵ月後といった会社もあります。そのような会社と付き合う場合は、キャッシュフローマネジメントが極めて重要になるのです。

企業経営においてキャッシュのマネジメントは極めて重要です。利益も大切ですが、会社が赤字になったからといってただちに倒産することはありえません。利益とはその年度の正しい利益を計算するための単なる数字に過ぎません。「単なる」というのは、現金実態のない、ただ利益を計算するための数字に過ぎないということです。赤字が続いていても、後ろに現金を注ぎ込み続けてくれるパトロンのような人がいれば会社は倒産しません。しかし、黒字が続いていても、明日支払うお金が手当てできなくなった。つまり、誰もお金を貸してくれない、出資もしてくれないとなった時点で会社は限りなく終わりに近づくのです。

一度自分で実際に事業を行ってみるとわかりますが、買掛金の支払いだけでなく、借入金の返済や税金の支払いなども、本当に忘れた頃にやってくるという感じです。将来のお金の出入りを予測しておくことは極めて重要です。

企業の目的は利益をあげることではない

企業にとって利益は大切です。先ほど、会社が赤字になったからといってただちに倒産することはないと言いましたが、赤字がずっと継続する会社はやがて倒産していきます。この倒産という仕組みがあるから、社会には効率がよく時代のニーズに合った会社が残っていくのです。

経営資源を効率よく使えない非生産的な会社は社会から退場させられるのです。この倒産

会社にとって利益が大切だからといって、利益をあげることを目的に事業をしても会社はうまく行きません。多くの人は、会社は自分の会社の売上をコントロールできると思っているかもしれませんが、よくよく考えてみれば、会社は自分の会社の売上をコントロールすることはできないのです。会社が顧客に商品を買ってくださいとお願いしようが顧客を脅そうが、顧客は自分が欲しくないものは買わないのです。売上をコントロールできるのは唯一顧客だけです。会社としてコントロールできない売上の、その結果としての利益など会社がコントロールできるはずがないのです。

では利益をあげるにはどうすればよいのか。それは顧客が進んでお金を払って買ってくれるような商品やサービスを提供するしかないのです。ですから、会社には顧客を顧客以

上に知り尽くすというマーケティング機能と、顧客の期待以上のものを提供するというイノベーションの機能が必要なのです。ドラッカーは企業が持つべき基本機能は、マーケティングとイノベーションの2つだと言います。

世界で躍進している会社を見てください。グーグルもアマゾンも星野リゾートも、どの会社も顧客を起点にして、顧客が期待する以上の商品やサービスを提供し続けています。

逆に、不祥事を起こしている会社に共通することは、顧客のことや社会への貢献といったことを無視して、自分の会社の売上、自分の会社の利益といった、自分の会社のことばかり考えている自己本位の会社です。

会社は法人。法律で認められた人ですから、会社も人と同じなのです。自分のことしか考えてない自分勝手な人間が周りから相手にされなくなるように、自分の会社の売上や利益といった、自分の会社のことしか考えてない自分勝手な会社は、社会から相手にされなくなるのです。

では、会社の目的は何なのでしょうか。会社の目的は社会に貢献することです。会社も、病院や消防署といった組織と同じく社会の一員です。病院が患者の病気を治したり、消防署が火事を消したりして社会に貢献していると同じように、会社も独自の商品やサービスを提供して社会に貢献しなくてはならないのです。

それでは、会社にとっての利益とは何なのでしょうか。会社にとっての利益とは会社存続のための条件なのです。会社にとっての利益は、いわば私たち人間にとっての水のようなものです。読者のみなさんの誰一人、この人生を水を飲むために生きている人はいないと思います。人生の目的はどこか他のところにあるはずです。しかし、私たちは水がなければ生きていけません。

会社にとっての利益も同じです。会社の目的が利益をあげることであるはずがありません。会社の目的は、社会の一員として社会に貢献することです。しかし、会社は利益がなければ存続できません。会社とっての利益とは、人間にとっての水のようなものです。つまり、利益とは企業存続のための条件なのです。実は、利益は会社の目的ではなく企業存続の条件であると言うのもドラッカーです。

ビジネスにおいて大切なのは、テクニックやノウハウではなく、こういった物事の基本的な考え方です。マンガで投資顧問会社社長の倉橋哲也があかねの会社に融資を決めたのも、あかねが友人の娘さんだからということではなく、あかねの経営者としての考え方がまっとうだと感じたからでしょう。

第4章

決算整理と配当

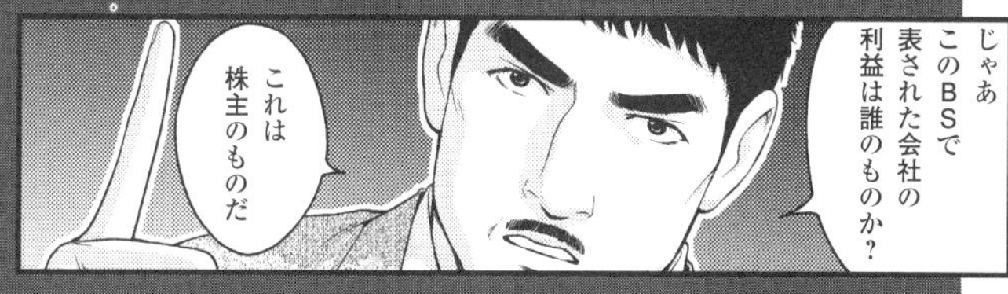

じゃあ このBSで 表された会社の 利益は誰のものか？
これは 株主のものだ

［第4話］
1年目の成績表
3月末
棚卸しの作業を
終えて私は
お父さんの
事務所を訪ねた
それじゃあ
今日は減価償却の
話から始めよう
去年の5月に
レーザー加工装置を
買ったときに
気づいたんだよな
その期に使いきるものと
長年に渡って使うものでは
会計上の取扱いが違うんじゃ
ないかと
そうだったね
あれから
会計の勉強が
始まったんだ
──だな
レーザー加工装置の
代金300万円を
今期に支払ったのは
間違いないけど
PLの費用に
計上するときには
使用する期間に
按分して計上する
何度も話を
してきたけど
PLは
その期の正しい利益を
計算する表だ

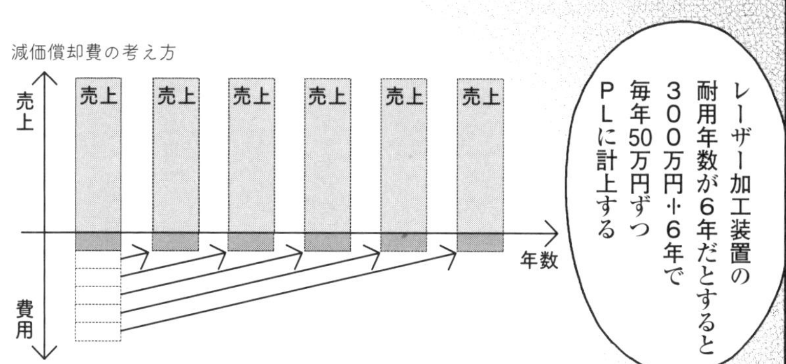
レーザー加工装置の
耐用年数が6年だとすると
300万円÷6年で
毎年50万円ずつ
PLに計上する
減価償却費の考え方
売上
費用
年数

レーザー加工装置の
使用期間って
誰が決めるの？
いい質問だ

会計の第一の目的は
会社の正しい状態を
数字で報告することだから
会計上で言えば
実際に使用する期間を
使えばいい
だけど
ここに税法が
影響してくる
場合がある

税法の第一の目的は
税金を公平に
とることだから
例えば同じ機械なのに
各社が使用期間を
勝手に決められたら
公平に税金をとれなくなる
そこで
税金を計算するときの
耐用年数は財務省令で
決まっている法定耐用年数を
使うことが義務づけられて
いるんだ

ここでは
とりあえず
耐用年数6年で
計算しておこう
キュッ
キュッ
キュッ

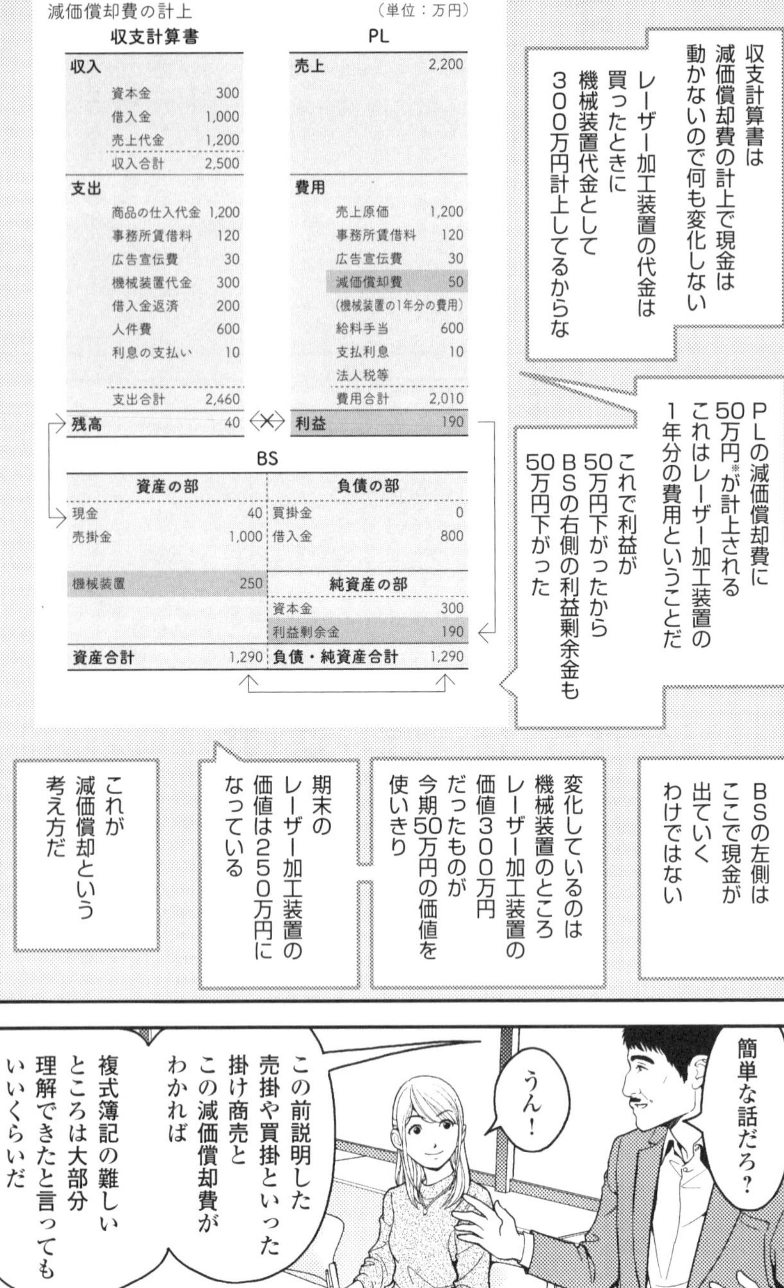

減価償却費の計上　（単位：万円）

収支計算書

項目	金額
収入	
資本金	300
借入金	1,000
売上代金	1,200
収入合計	2,500
支出	
商品の仕入代金	1,200
事務所賃借料	120
広告宣伝費	30
機械装置代金	300
借入金返済	200
人件費	600
利息の支払い	10
支出合計	2,460
残高	40

PL

項目	金額
売上	2,200
費用	
売上原価	1,200
事務所賃借料	120
広告宣伝費	30
減価償却費	50
（機械装置の1年分の費用）	
給料手当	600
支払利息	10
法人税等	
費用合計	2,010
利益	190

BS

資産の部		負債の部	
現金	40	買掛金	0
売掛金	1,000	借入金	800
機械装置	250	**純資産の部**	
		資本金	300
		利益剰余金	190
資産合計	1,290	**負債・純資産合計**	1,290

収支計算書と
複式簿記の大きな
違いの一つが
複式簿記では
これら現金の動きのない
取引を記載してると
いうことだ

どうして
現金の動きのない
取引を記載する
必要があるかと言えば
人為的な事業年度
（通常1年間）という
ある一定期間の利益を
報告しなければ
ならないからだ

※正しくは月割で計算されるが、ここでは話を簡単にするために1年分の費用を計上している。

正しい売上原価の計算

期首商品棚卸高 0万円	**売上原価** ？万円
当期商品仕入高 1,200万円	**期末商品棚卸高** 100万円

期首商品棚卸高は会社設立初年度だったから「0」で当期商品仕入高は現金仕入れの600万円と買掛仕入れの600万円で合計1200万円

そして期末商品棚卸高が100万円ということは今期の正しい原価は1100万円ってこと？

そうだ あかねの会社は実際には今期1100万円の原価の商品を販売して2200万円の売上をあげていたということだ

じゃあ在庫を計上して今期の正しい売上原価を計算してみよう

まずは収支計算書からだ 在庫を認識しても現金は動かないよな 収支計算書は何も変化なし

PLは期首商品棚卸高が設立初年度だったから「0」だ

在庫の計上と正しい売上原価の計算　（単位：万円）

収支計算書

収入	
資本金	300
借入金	1,000
売上代金	1,200
収入合計	2,500
支出	
商品の仕入代金	1,200
事務所賃借料	120
広告宣伝費	30
機械装置代金	300
借入金返済	200
人件費	600
利息の支払い	10
税金の支払い	
支出合計	2,460
残高	40

PL

売上	2,200
費用	
売上原価	
期首商品棚卸高	0
当期商品仕入高	1,200
期末商品棚卸高	100
差引	1,100
事務所賃借料	120
広告宣伝費	30
減価償却費	50
（機械装置の1年分の費用）	
給料手当	600
支払利息	10
法人税等	
費用合計	1,910
利益	290

BS

資産の部		**負債の部**	
現金	40	買掛金	0
売掛金	1,000	借入金	800
商品在庫	100		
機械装置	250	**純資産の部**	
		資本金	300
		利益剰余金	290
資産合計	1,390	**負債・純資産合計**	1,390

在庫を100万円
認識したことで
原価が100万円
下がったから

利益は以前の
190万円から
290万円に
100万円増えている

フム

フム

この利益が
BSの利益余剰金に
つながっているから
BSの右側も
100万円増える

BSの左側は
どうなっているか
というと
商品在庫に100万円が
計上されている

なるほどねぇ
これで最終的に
完成っていうことね!

詰めが甘い!

それじゃあ
税金を計上しよう
税金を計算するのは
課税所得を
計算して
その課税所得に
税率を掛けて
税額を計算する
税率はだいたい
30%から
40%くらいに
なるんだけど
今日は話を簡単に
するために
税額が90万円とする
え〜〜っ
仮にしても
現金残高はこの時点で
40万円しかないんだから
税金を払うお金がないよっ！
ほう
しっかり数字を
見ているじゃないか
とことん苦しみ
ましたからね…！
こんなことが
実際の現場では
よく起こっている
経営者は税金を
支払うために
また借金するんだ
PLは現金の動きを
あらわす表じゃない
利益が出ているから
現金があるわけじゃ
ないんだ
収支計算書は
現金の動きを
あらわす表
PLは
正しい利益を
計算する表
今まで
作ってきた3表で
収支計算書の残高と
PLの利益が
一致したことがあったか？
本当だ
収支計算書の残高と
PLの利益が
一致したことは
ほとんどない
この違いを
よく認識しておく
必要がある

税金の計上 (単位:万円)

収支計算書

収入	
資本金	300
借入金	1,000
売上代金	1,200
収入合計	2,500
支出	
商品の仕入代金	1,200
事務所賃借料	120
広告宣伝費	30
機械装置代金	300
借入金返済	200
人件費	600
利息の支払い	10
税金の支払い	
支出合計	2,460
残高	40

PL

売上	2,200
費用	
売上原価	
期首商品棚卸高	0
当期商品仕入高	1,200
期末商品棚卸高	100
差引	1,100
事務所賃借料	120
広告宣伝費	30
減価償却費	50
(機械装置の1年分の費用)	
給料手当	600
支払利息	10
法人税等	90
費用合計	2,000
利益	200

BS

資産の部		負債の部	
現金	40	買掛金	0
売掛金	1,000	借入金	800
商品在庫	100	未払法人税等	90
機械装置	250	**純資産の部**	
		資本金	300
		利益剰余金	200
資産合計	1,390	**負債・純資産合計**	1,390

今期の税金は今期中には支払わないから今期の収支計算書はなんら変化なしだ

PLに今期の税額を計上するので利益が290万円から200万円に下がっている

この影響でBSの純資産の部の利益剰余金も90万円下がった

ただBSの左は今期中に今期の税金は支払わないので何も変化がない

ではどこが変化したのか

BSの右側の「未払い法人税等」だ

BS

資産の部		負債の部	
現金	40	買掛金	0
売掛金	1,000	借入金	800
商品在庫	100	未払法人税等	90
機械装置	250	**純資産の部**	
		資本金	300
		利益剰余金	200
資産合計	1,390	**負債・純資産合計**	1,390

あかねの会社は税金90万円を支払う義務を負いましたとなって今期が終了するんだ
その期の正しい利益の計算という考え方と実際の現金の動きを明確に区別しているのね

複式簿記って本当にうまくできてるな～!

じゃあ今日はここまでだ
寺坂コンサルタント
それからちょっと月日が流れて
だんだんこの会議室に愛着がわいてきた4月下旬

今日は配当について教えてもらうことになっていた
このままだと税金を払うお金もない
なんとか利益は出せたけど…
いやいや！初年度から利益が出たんだからなかなかだよ

それじゃあ
今日は配当について だ
これからの話は
資本主義の論理に
のっとって行う
資本主義の論理
なんて言うと
難しく感じるかも
しれないけど
つまりは
会社は株主のもの
という考え方だ
会社をBSで
表しておくぞ
株主がこのBSの
会社に出資して
この会社を保有している
ここでは100%
シェアの一人株主だと
仮定しておくほうが
わかりやすいだろう
株主
PL
BS
資本金
利益剰余金
利益
じゃあ
このBSで
表された会社の
利益は誰のものか？
これは
株主のものだ
ん？
んん？
そうは言っても
なかなか
納得できないな
なんて顔してんだ～…
一般的に株主は
自分が持っているお金を
株式投資で増やしたいから
投資している
株式に投資する以外にも
自分のお金を
増やそうと思えば
いろんな運用方法がある

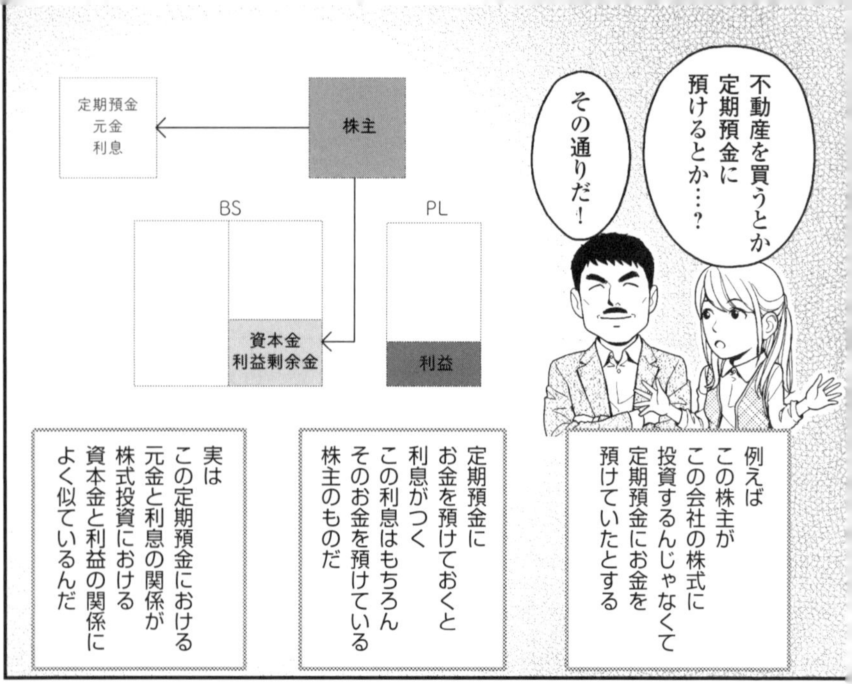

不動産を買うとか
定期預金に
預けるとか…？

その通りだ！

例えば
この株主が
この会社の株式に
投資するんじゃなくて
定期預金にお金を
預けていたとする

定期預金
元金
利息

株主

BS

PL

資本金
利益剰余金

利益

定期預金に
お金を預けておくと
利息がつく
この利息はもちろん
そのお金を預けている
株主のものだ

実は
この定期預金における
元金と利息の関係が
株式投資における
資本金と利益の関係に
よく似ているんだ

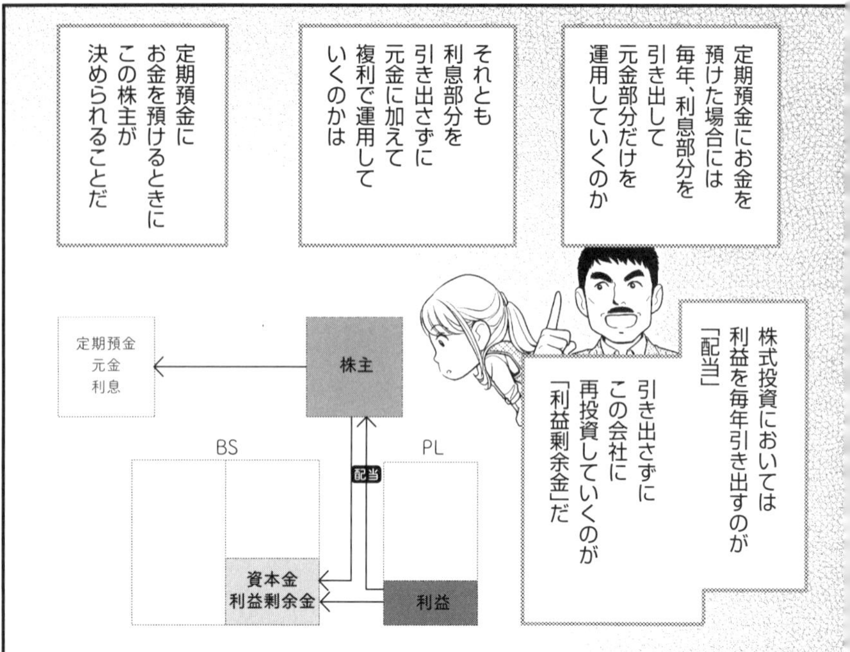

定期預金にお金を
預けた場合には
毎年、利息部分を
引き出して
元金部分だけを
運用していくのか

それとも
利息部分を
引き出さずに
元金に加えて
複利で運用して
いくのかは

定期預金に
お金を預けるときに
この株主が
決められることだ

株式投資においては
利益を毎年引き出すのが
「配当」

引き出さずに
この会社に
再投資していくのが
「利益剰余金」だ

定期預金
元金
利息

株主

配当

BS

PL

資本金
利益剰余金

利益

へぇ！配当ってそういうことだったの…！
正しく言えば利益はいったんすべてBSの利益剰余金に積み上げられて
それが配当される分と利益剰余金として会社に残る分に分かれるんだが
概念的に言うと定期預金における元金と利息の関係が株式投資における資本金と利益の関係によく似ているんだ

じゃあ図の中で利益から株主に向かっている線は現実的には利益剰余金から出て株主に向かうのね
そう考えてもいい
ただ ここでは定期預金の元金と利息の関係が株式投資における資本金と利益の関係に似ていることを説明するためにこのように書いた
そして ここまでわかれば資本主義社会における会計の仕組みが理解できるようになる
資本主義社会における会計の仕組み…？
そうだ その資本主義の論理がこのPLとBSに表れているんだ

まず会社は
施主の資本金から始まる
これを自己資本という
会社は株主のものだから
自分の資本が自己資本だ
それに借入金などの
他人資本を使って
お金を調達し
その自己資本と
他人資本で集めた
お金で工場などの
資産を調達する
その資産を活用して
売上をあげ
その売上を利益に変える
資本主義の論理とPL・BSの関係
PL
売上高
利益
BS
資産の部
負債の部
他人資本
純資産の部
資本金
利益剰余金
自己資本
この利益が
利益剰余金として
BSの純資産の部に
積み上げられて
株主のお金が
増えていく…
という形になって
いるんだ
ということは
会社は株主のお金を
増やすために
存在するって
いうこと？
資本主義の
論理から言えばな
そんなの…
おかしいよ

それでいいんだ！
「何かおかしい」と思う気持ちが大切だ
会社の目的は利益ではないと言っている人はたくさんいる
社会の一員である我々は社会に貢献する義務がある
それは会社も同じだ！
うん！
だがな
人がお金がないと生きていけないのと同様に会社もお金がないと存在できない
お金と社会への貢献その両方が必要だということを認識しておくことが大切なんだ
この1年間お金の大切さを痛感してきたからわかるわ！
だから逆に思うの…
経営者としても人間として恥ずかしくないことをしていきたい――
あかね…
わかってる理念と利益を両立するのが大変だってことは
だって理想だけでは生きていけない現実をこの1年つきつけられてきたから…

……
こいつ…
いい顔つきになりやがって…
そして6月上旬
私たちは定時株主総会を開いた

総会は
簡単なものだったが
法人として
やるべきことは
正しく行い
総会終了後
総会成立の要件や
承認内容を議事録にして
私と父親が
記名押印した
手坂あかね

そしてホテルの
会議室を借り
経営計画発表会を
開催した

最初に初年度の
決算の概要を説明し
その後に第2期の
事業見通しを説明した
第2期の
事業見通しでは
すでに多くの企業から
大量注文があり
そのほかにも
具体的な引き合いが
たくさんあること

商売の拡大により
仕入値も大きく
低減できる見通しであり
商売の拡大と利益の
大幅な増加は
ほぼ間違いないことなど
1年前までは
お小遣い帳程度の
知識レベルしか
なかった私が…
自分でも
信じられない

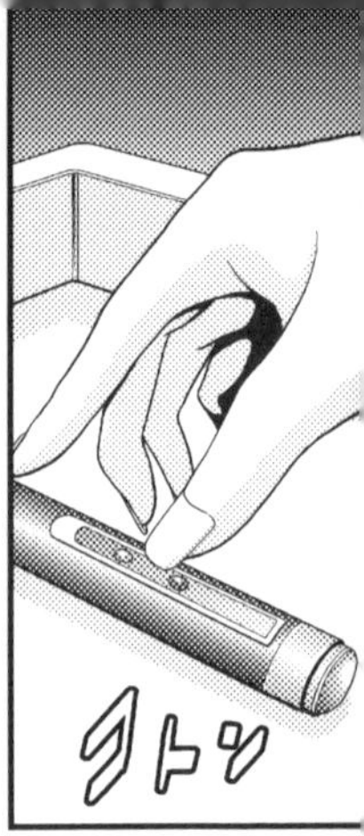
カトン

この1年間は私の人生の中でも最も充実した1年でした

本日ここにご列席の皆様をはじめたくさんの方にお世話になり無事初年度を終えることができました
本当にありがとうございました！

私はこの1年自分とこの会社が社会の一員として様々な人のお世話になって存在していることを感じました
同時に自分とこの会社が社会に対していかに貢献していくべきかについて考えてきました

これからも
自分とこの会社にしか
できないことをつきつめ
社会に役立つ仕事を
していきたいと
思います！
スッ
よくがんばった
立派だぞ
あかねさん…
パチ
パチ
パチ
パチ
パッ
パチ
パチ
パチ
へへ…
パチ
パチ
パチ
パチ
えっ…

良江……!!
実は…年末年始の大量注文のとき
良江さん気づかれないように手伝いに来てくれたんです
あかねさんが出張のときは
良江さん前日の夜から泊まり込みで作業してくれたんです…
がんばろう理恵ちゃん

ジワ…
この1年
大変なことも
多かったけど
ググググ
バレちゃったか…
先のことは何も
わからないけど
ちょ
ちょっと
あかね～…
仲間がいて
誰かに助けられて
希望があって
自分のやりたい
ことがやれて
そして
誰かの役に
立って…
これからも
思いっきり
自分の人生を
生き抜いてやろう！
泣かないでよ
だって…

4－1 会計と税法の違い

決算整理の仕組みを理解する

▼会計基準と税法の規定は根本の目的が違う

あかねの会社はいよいよ期末に差し掛かり、決算整理をする時期を迎えました。決算整理とは減価償却費を計上したり、棚卸をして在庫を会計的に認識すると共にその事業年度の正しい原価を計算したりして、最終的に決算書を作り込んでいくことです。

その減価償却のところでも、会計と税法の違いの話が出てきましたので、会計と税法の違いについてもう少し詳しく説明しておきます。

財務諸表は会計の原則にしたがって作られますが、税金は税法にしたがって計算されます。会計の基準と税法の規定はよく似ているのですが、根本の目的が違うのです。会計は事業活動を正しく説明するのが目的ですが、税法は公平に税金をとるのが目的です。

マンガで減価償却費の計算のために法定耐用年数を使うという話が出てきました（149ページ）。例えば、同じ機械を使っているのに、会社がそれぞれに勝手に耐用年数を決めると、同じ機械を使っているのに減価償却費の額が違ってきます。ですから、税金を計算する場合の減価償却費は財務省令で決められている法定耐用年数を使うのです。

ただし、会計は事業活動を正しく説明するのが目的です。同じ機械であってもその機械を1日8時間しか使わない会社と、1日24時間使う会社では当然耐用年数が違います。ですから、会計においての耐用年数はその会社の機械の使用実態に合った年数を使うべきなのです。しかし、現実的には、自分の会社の機械の使用実態に合わせた耐用年数で減価償却費を計算しても、税金を計算する場合は財務省令で定められた法定耐用年数が使われますから、会計の原則にしたがって作る財務諸表においても、多くの会社が財務省令で定められた法定耐用年数を流用して使っているというのが実態なのです。

ただ、財務諸表は会計の原則にしたがって作られ、税金は税法にしたがって計算されるということはよく理解しておいてください。そして、会計と税法は根本の目的が違うということも認識しておいてください。

4-2 減価償却とは何か

「3表一体」にして学ぶと理解しやすい！

減価償却によって、各表がどう変化するかに注目

会計の入門書などで、減価償却費のことを「費用計上されるが現金が出ていくものではない」といった説明をされていることがありますが、そのような説明では減価償却の意味がよくわからないかもしれません。

減価償却の考え方こそ、収支計算書とPLとBSの3つの表を一体にして勉強するとわかりやすいのです。あかねの父・龍一が、耐用年数6年と仮定して計上した表（150ページ）を図表4－1として再掲載しておきます。

あかねの会社では、300万円で購入したレーザー加工装置を6年使うとして、レーザー加工装置の今期分の費用50万円を減価償却費としてPLに計上しています。そのことによってBSでは、期首に買ったレーザー加工装置300万円の価値が、期末に250万円になっているのです。ただ、これはその期の正しい利益を計算するためにレーザー加工装

図表4-1　減価償却費の計上

（単位：万円）

収支計算書

収支計算書		
収入		
	資本金	300
	借入金	1,000
	売上代金	1,200
	収入合計	2,500
支出		
	商品の仕入代金	1,200
	事務所賃借料	120
	広告宣伝費	30
	機械装置代金	300
	借入金返済	200
	人件費	600
	利息の支払い	10
	支出合計	2,460
残高		40

PL

PL		
売上		2,200
費用		
	売上原価	1,200
	事務所賃借料	120
	広告宣伝費	30
	減価償却費	50
	(機械装置の1年分の費用)	
	給料手当	600
	支払利息	10
	法人税等	
	費用合計	2,010
利益		190

BS

資産の部		負債の部	
現金	40	買掛金	0
売掛金	1,000	借入金	800
機械装置	250	**純資産の部**	
		資本金	300
		利益剰余金	190
資産合計	1,290	**負債・純資産合計**	1,290

置の費用を減価償却費としてＰＬに計上しただけで現金の動きはありません。ＢＳの現金に何ら変化はありませんし、収支計算書も何の動きもありません。これが減価償却の仕組みなのです。

売掛・買掛といった掛け商売の仕組みがわかれば複式簿記の難しいところは理解できたと思っていいと言いましたが、掛け商売とこの減価償却の2つが、現金の動きがないのにその数字がＰＬに計上される大きなものです。この2つがわかれば複式簿記会計の難しいところは理解できたと思っていいでしょう。

掛け商売や減価償却といった現金の動きのない取引を計上しなければならないのは、人為的に設定された事業年度（通常1年間）というものが存在するからです。会社は事業年度ごとに財務諸表を作って、会社の事業活動を正しく報告しなければならないのです。

4－3 在庫の計上

自社の業態に合った会計処理をする

▼100万円の商品を現金で仕入れた例で考える

株式会社シースリー（C³）のような小売業は、期末に棚卸しという作業をして、棚にいくつ在庫があるかをチェックして、会計上在庫として認識します。同時に、1年間の正しい原価を計算します。これはマンガで説明した通りです。

ただ、製造業のみなさんはこの処理に違和感があったのではないかと思います。製造業は原材料を仕入れて、それを加工して製品にして販売します。実は、原材料を仕入れたり商品を仕入れたりしたときに、それを在庫として認識するという会計の処理もあります。その会計の処理を図表4－2から図表4－4で説明します。ここでは商品を仕入れる例で説明します。

次ページの図表4－2は、資本金100万円でそれを現金のまま持っている状態の収支計算書とPL・BSです。収支計算書には、収入として資本金100万円が計上されてい

図表4-2　資本金100万円の収支計算書とPL・BS

（単位：万円）

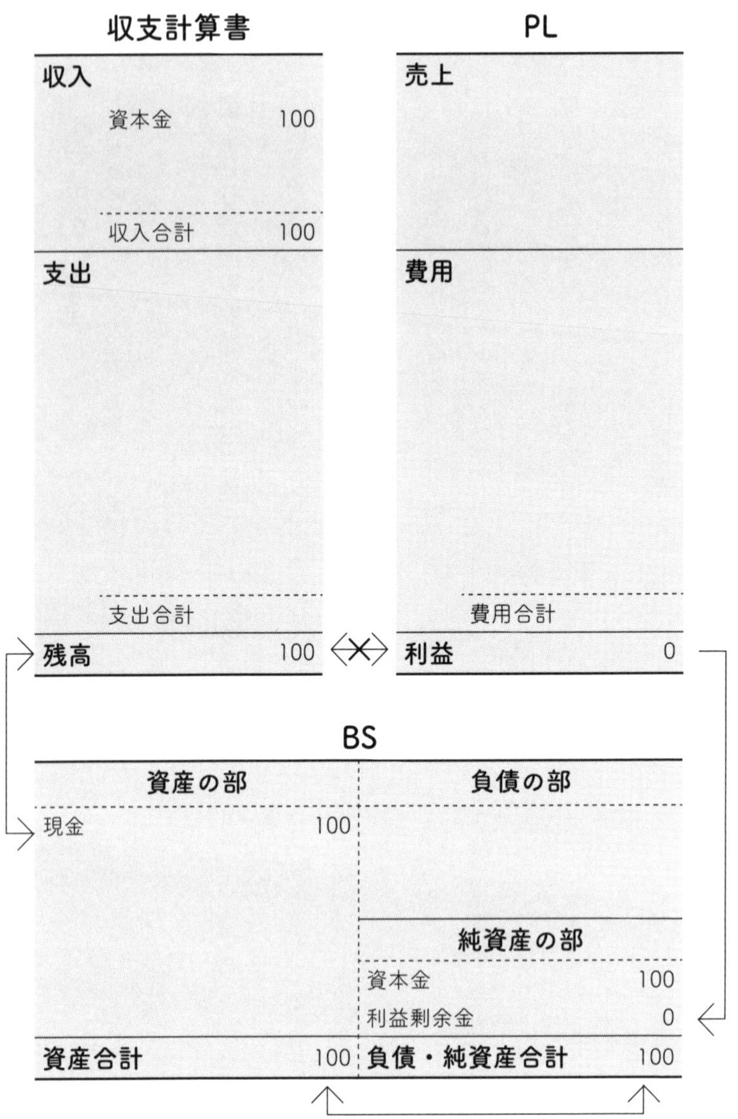

ます。BSの右側には資本金として100万円、左側には現金として100万円が記載されています。

この状態で100万円の商品を現金で仕入れたとしましょう。商品を仕入れたときに在庫として認識する会計の処理が次ページの図表4－3です。

まずはBSを見てください。商品は現金仕入れですから、現金が100万円から「0」に減っています。その100万円はBSの左側で商品在庫に変わっています。

収支計算書では、商品の仕入代金として100万円が出ていきましたから、残高は「0」になっています。

▼100万円の在庫商品が200万円で売れたら

次に、この100万円の在庫商品が200万円の現金で販売されたときの収支計算書とPL・BSが図表4－4（177ページ）です。

まずPLから見ていきましょう。100万円の在庫商品が200万円で売れたわけですから、PLには売上200万円と売上原価100万円が同時に計上されています。したがって利益は100万円になっています。

次にBSを見てみましょう。ここでは図表4－4と図表4－3を見比べながら説明を読

図表4-3　商品100万円を仕入れたときの収支計算書とPL・BS

（単位：万円）

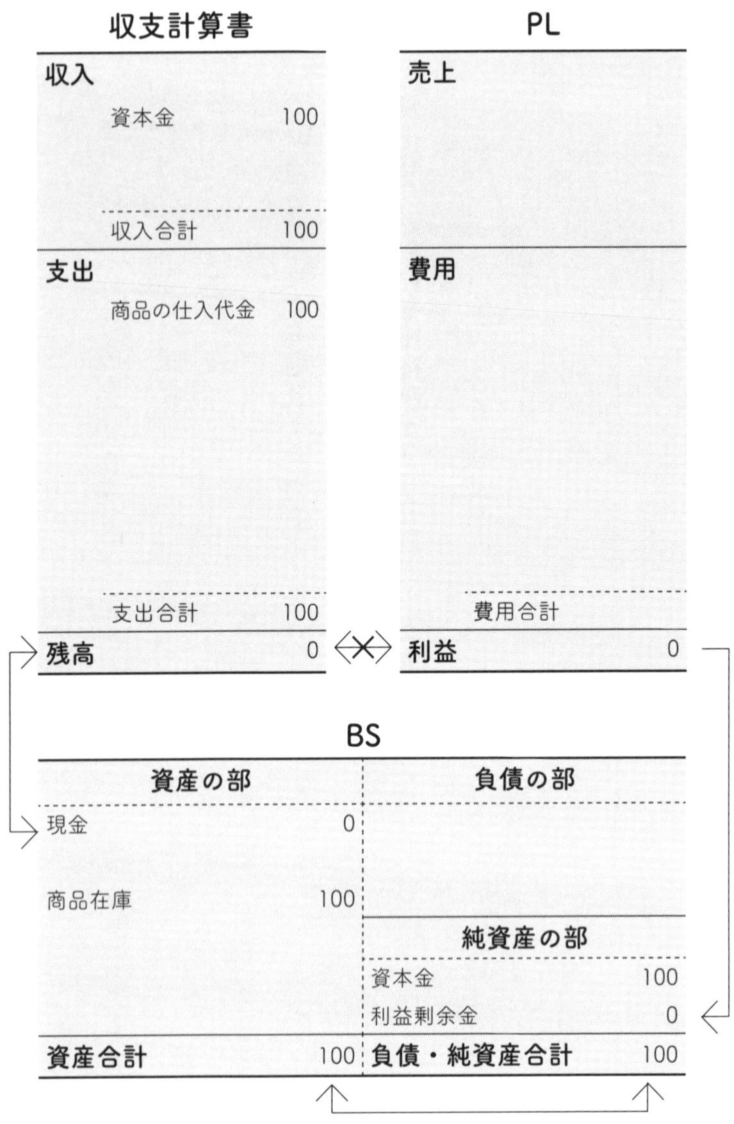

図表4-4　商品が200万円で販売されたときの収支計算書とPL・BS

（単位：万円）

収支計算書

収支計算書		
収入		
	資本金	100
	売上代金	200
	収入合計	300
支出		
	商品の仕入代金	100
	支出合計	100
残高		200

PL

PL		
売上		200
費用		
	売上原価	100
	費用合計	100
利益		100

BS

資産の部		負債の部	
現金	200		
商品在庫	0		
		純資産の部	
		資本金	100
		利益剰余金	100
資産合計	200	**負債・純資産合計**	200

み進めてください。ここで２００万円の現金売上があったわけですから、図表４－４のＢＳの左側の現金は２００万円になっています。ただし、この２００万円の売上は在庫商品を販売して得たものですから、在庫商品は図表４－３で１００万円だったものが、図表４－４では「０」になっています。したがって、ＢＳの左側の合計は２００万円です。

ＢＳの右側の資本金は１００万円のままですが、この販売によってＰＬで利益が１００万円になっていて、それがＢＳの右側の利益剰余金とつながっていますから、ＢＳの右側の合計も２００万円になり左右が一致しています。

収支計算書は、売上代金の２００万円が計上されることによって、残高は２００万円になっています。これがＢＳの左側の現金２００万円と一致しています。

▼どちらの会計処理を採用してもよい

このような会計処理を「売上原価対立法」と言います。自動車産業などの製造業で言えば、自動車1台の原価は計算できます。その1台の自動車がいくらで売れたかといった商売をしている会社は、この売上原価対立法で会計の処理をしているはずです。

一方、小売業は1つの商品を販売したときにいちいち原価など計算していません。小売業では1年間、売上の伝票が積み上がっていくだけです。同様に仕入れの伝票も1年間積み上がっていくだけです。そして、期末に決算書を作る段階になって棚卸をして、期末時点での在庫を会計上認識すると同時に、1年間トータルでの正しい原価を計算するということを行っているわけです。

どちらの会計処理を採用しても構いません。自分の会社の事業にフィットした会計処理をすればいいのです。なぜなら、どちらの会計処理をしても期末の結果は同じになりますから。

COLUMN6

資本主義社会における事業の仕組みと会計の未来

ここまで、資本主義という言葉が何度も出てきました。資本主義とは、資本家が資本を拠出し、労働を買い、生産を行う社会制度のことだと言いました。実は、この資本主義社会における事業の仕組みがＰＬとＢＳで表されているのです。

図表４－５をご覧ください。この図はＰＬとＢＳの金額の大きさが図の大きさでわかるように作図したものです。右側がＰＬ、左側がＢＳです。

資本主義社会における事業は株主の資本金、つまり自己資本から始まります。この自己資本だけで事業を行おうと思えば、自己資本分の資産しか調達できません、それがＢＳの左側の点線で示されているところです。この事業計画を金融機関に説明に行き、金融機関が融資してもいいと言ってくれれば、金融機関からの借入金として他人資本が入ってきます。この自己資本と他人資本を使って、工場や機械装置などのたくさんの資産を調達し、その資産を使って売上をあげるわけです。それがＰＬとＢＳを結ぶ矢印で示されています。その売上を効率よく経営し利益に変えていきます。

この株主の資本金である自己資本が、事業というプロセスを通して利益を生み出し、その利益が利益剰余金として株主の自己資本を増やしていくのが、資本主義社会における事

図表4-5　資本主義社会における事業の仕組み

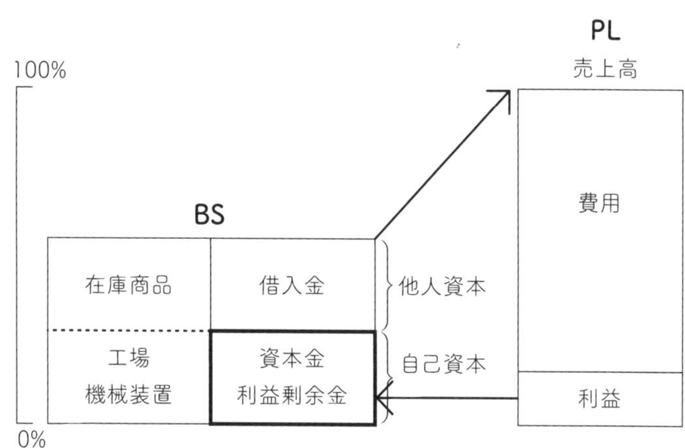

業の仕組みなのです。

複式簿記会計の基本となるPLとBSは、資本主義社会における事業の仕組みを表していると言いましたが、まさに資本主義社会において中心的な事業であった製造業などの第二次産業の仕組みを説明するためにフィットしたものでした。第二次産業では工場や機械装置などの資産が価値を生みました。その工場や機械装置などがBSの左側に記載されていました。

しかし、現代は第三次産業が中心の時代です。資本主義社会の次に来るポスト資本主義社会は知識社会です。これからの時代は人間の頭脳の中にある知識や知恵が価値を生む時代です。

最近躍進が著しいIT企業のBSを見てみると、BSの左側にあるのはほとんどが現金です。人間は会社の所有物ではありませんから、人間の価値はＢＳの資産には表れません。人間に関する費用はかろうじてＰＬの人件費のところに表れるだけです。

工場や機械装置などの資産が価値を生む資本主義の時代は、ＢＳを見ればその会社の価値がおおよそわかりました。しかし、人間が価値を生む知識社会では、ＢＳを見ても会社の価値はわからないのです。いくら業績がよい企業であっても、人間が価値を生む時代においては、その業績のよい会社の中にいる極めて優秀な中核的な人材が退職してしまえば、その会社の価値は極端に下がってしまうのです。

私たち人類は、資本主義社会の中で長きに渡って複式簿記会計を使って会社の事業内容を説明してきました。しかし、知識社会になった現代では、複式簿記会計だけでは会社の事業内容を正しく説明できなくなってきています。これから会計の仕組みも変わっていくのではないかと思います。私たちはそのような時代の大きな転換点にいるのです。

第5章

ビジネスの現場で使える知識にするために

5-1 PLを理解する

PLを「使える」レベルで理解する

ここまでのマンガと説明文をお読みになり、会計の基本的な仕組みがご理解いただけたでしょうか。本書では、会計の全体像と基本的な仕組みを理解していただくために、表の構造を単純化して説明してきました。つまり、PLは「売上」「費用」「利益」、BSは「資産」「負債」「純資産」、収支計算書は「収入」「支出」「残高」のそれぞれ3点だけで説明しました。しかし、実際の財務諸表はもう少し複雑です。最後に、本書で説明してきた3表の構造と、実際に使われる財務3表の違いについて説明しておきます。

▼収益、費用、利益の分類

PLは1事業年度（通常1年間）の「正しい利益」を計算する表だと説明し、これまでは、「売上」「費用」「利益」の3項目で説明してきました。しかし、この利益の計算は、「売上」－「費用」＝「利益」ではなく、

「収益」－「費用」＝「利益」となります。

図表5-1　「収益」と「費用」と「利益」

収益	費用	利益
●売上高 ●営業外収益 ●特別利益	●売上原価 ●販売費及び一般管理費 ●営業外費用 ●特別損失 ●法人税等	●売上総利益(粗利) ●営業利益 ●経常利益 ●税引前当期純利益 ●当期純利益

では、「収益」とは何でしょうか。「収益」という言葉は会計の初心者にとってはわかりにくい言葉だと思います。「売上」は「収益」ですが、「売上」だけが「収益」ではありません。日本の会計基準では図表5－1のように「収益」が3つ、「費用」が5つ、「利益」が5つにそれぞれ分類されています。

たくさんの種類の言葉が出てきますが、順を追って勉強していけば難しいものではありません。まずは「PLには5つの利益がある」ということだけを覚えて、そのうえでこの5つの利益の上下関係がどうなっているかをたどっていけばPLの構造は簡単に理解できます。

▼PLの構造を読み解く

PLの一番上は売上高。売上高から売上原価を引いたのが売上総利益です。通常、私たちは現場でこれを粗利（あらり）と呼んでいます。この売上総利益（粗利）の下にあるのが「販売費及び一般管理費」です。現場では「販管費」などと呼んでいます。これは営業マンや本社部門の人の人件費などです。電話代や水道光熱費などもここに入ります。すなわち、本業の営業活動に必要なすべての費用がこの「販売費及び一般管理費」に入ります。ただ、製造業などの場合は、工場で働く工員さんの人件費などは売上原価に入れることになっています。

売上総利益（粗利）から「販売費及び一般管理費」を引いたのが営業利益。この営業利益から下のところが、会計の初心者にとっては混乱するところですが、会計はロジックが通っているので、実はわかりやすく並んでいます。営業利益とは、読んで字のごとく本業の営業活動によってもたらされた利益のことです。

では、営業利益の下にくるのは何でしょうか。当然、「営業外」のものですね。営業外というのは本業以外の事業活動によってもたらされた収益や費用、つまり預貯金の受取利息や借入金の支払利息などが「営業外」に入ります。

営業利益から営業外の収益と費用を足し引きしたものが経常利益です。これも読んで字のごとく、その会社の本業及び本業以外のすべての事業活動によって常日頃経常的にもたらされる利益が経常利益です。

経常利益の下にくるのは経常的ではないものです。つまり、その期だけに特別に出てくる利益や損失。例えば、持っていた土地が高値で売却できて利益が出たとかといった、そ

図表5-2　**PLの構造**

損益計算書（PL）	**営業利益**	**経常利益**	**税引前当期純利益**
売上高 （−）売上原価 **売上総利益（粗利）** （−）販売費及び一般管理費 **営業利益**	本業	本業	毎期（経常的）
（＋）営業外収益 （−）営業外費用 **経常利益**		本業以外	
（＋）特別利益 （−）特別損失 **税引前当期純利益**			その期だけ特別
（−）法人税等 **当期純利益**			

の期だけに特別に生じた利益や損失です。

経常利益に特別利益と特別損失を足し引きしたものが税引前当期純利益、税金を計上する前の当期の利益です。この税引前当期純利益から法人税等を差し引いたものが当期純利益です。新聞などで「純益」とか「最終利益」とかと言われるのがこの当期純利益です。このように順を追って理解していけば難しいものではありませんよね。

ＰＬに関する補足説明ですが、基本的にＰＬでマイナス表示されるのは利益が赤字になった場合だけです。その他の項目は収益であろうが費用であろうがすべて正の数で記入されます。費用がマイナスで表示されていないので、５つの利益を計算する場合の足し引き計算で混乱する人がいるかもしれません。そんな人は次の図でＰＬの構造を確認してください。

売上高から売上原価を引くと売上総利益（粗利）、売上総利益（粗利）から「販売費及び一般管理費」を引くと営業利益、営業利益に営業外収益を足して営業外費用を引くと経常利益、経常利益に特別利益を足して特別損失を引くと税引前当期純利益、税引き前当期純利益から法人税等を差し引くと当期純利益、というようになっているわけです。

図表5-3　PLの足し引き計算の構造

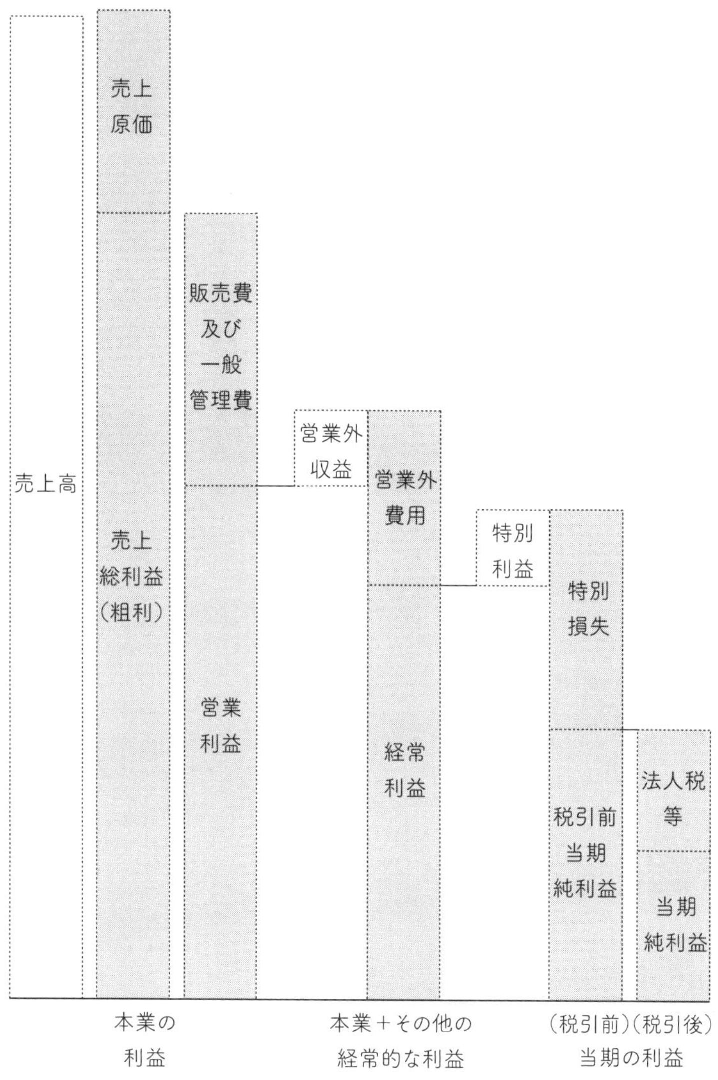

5-2 BSを理解する

資産、負債、純資産の3つをさらに詳しく解説

▼1年の基準で分類を考える

BSの基本構造は92ページで説明した通り「資産」と「負債」と「純資産」の3つに分かれています。ただ、資産の部と負債の部は、さらに「流動」と「固定」の2つに分かれています。

資産の部は「流動資産」と「固定資産」に大きく2つに分かれます。流動資産は1年以内に現金になる予定の資産、固定資産は1年を超えて現金になる予定のない資産です。

負債の部も同様です。流動負債は1年以内に返済しなければならない負債、固定負債は1年を超えて返済する負債です。

この1年の基準をワン・イヤー・ルールと言いますが、正しく言えばワン・イヤー・ルールの前に、正常営業循環基準という基準があります。つまり、1年以内という基準で流動と固定に分ける前に、営業活動でぐるぐる回っているものはすべて「流動」に入れると

図表5-4 **BSの構造**

資産の部	**負債の部**
流動資産	流動負債
現金	短期借入金
	固定負債
固定資産	長期借入金
機械装置	**純資産の部**
	資本金
	利益剰余金
資産合計	**負債・純資産合計**

いう基準があるのです。例えば、在庫などの中には実際には1年以内に現金化されないものがあるかもしれませんが、営業活動でぐるぐる回っているものはすべて「流動」に入れることになっています。

ただ、私たち会計の初心者は、1年以内が「流動」、1年を超えるものが「固定」と覚えていて大きな問題はないでしょう。

5―3 キャッシュフロー計算書（CS）を理解する

「企業が作る収支計算書」の仕組みを見てみよう

キャッシュフロー計算書の3つの欄

本書では、収支計算書を用いて現金の出入りを見ながらPLとBSを説明しました。PLとBSを現金の出入りと共に理解することはとても重要です。そのことによって、PLが現金の動きをあらわす表ではなく、「正しい利益」を計算する表であることや、BSが財産残高一覧表であり、投資や借金でお金が動くと収支計算書は変化するが、PLには何ら影響ないことなどがご理解いただけたと思います。

ただし、企業が作る収支計算書はキャッシュフロー計算書（CS：Cash Flow Statement）と呼ばれ、私たちが子供の頃から慣れ親しんできた「収入」「支出」「残高」の3つに分類されたものとは形が異なります。

もちろん、キャッシュフロー計算書（CS）は現金の出入りを表す収支計算書であることは間違いないのですが、CSは「収入」「支出」「残高」の3分類ではなく、「営業活動

図表5-5　事業活動とPL・BS・CSの関係

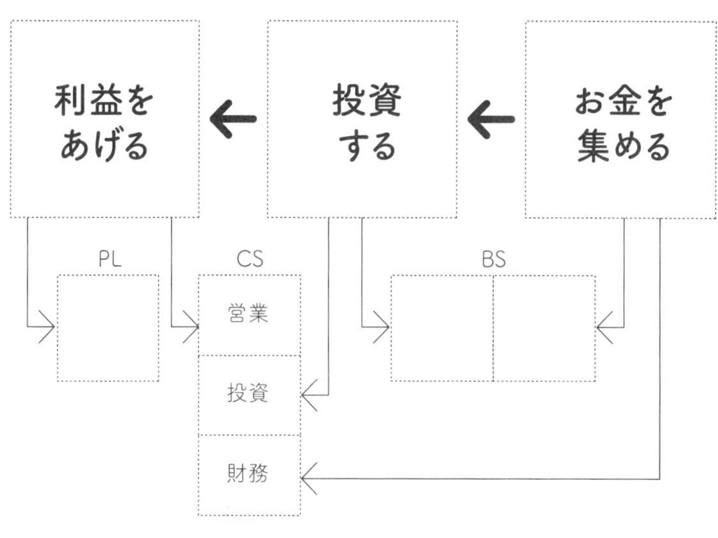

によるキャッシュフロー」「投資活動によるキャッシュフロー」「財務活動によるキャッシュフロー」の3つの欄に分かれています。

97ページで、PLとBSはすべての企業の共通するお金を集める→投資する→利益をあげるという3つの活動を表していると説明しましたが、実はCSもこのお金を集める→投資する→利益をあげるという3つの活動を表しています。

図表5－5のように、お金を集めるが「財務活動によるキャッシュフロー」、投資するが「投資活動によるキャッシュフロー」、利益をあげるが「営業活動によるキャッシュフロー」の欄で表されているのです。

つまり、すべての企業の共通するお金を集める→投資する→利益をあげるという3つの活動を、現金の動きという観点から整理したのがCSなのです。

▼各欄には何が記載されるのか

図表5－6がキャッシュフロー計算書の詳細です。「営業キャッシュフロー」の欄には営業収入とか商品の仕入支出とかといった営業活動に関係する現金の出入りが、「投資キャッシュフロー」の欄には有価証券や固定資産の取得や売却といった投資活動に関係する現金の出入りが、「財務キャッシュフロー」の欄には借入金やその返済などの財務活動に関係する現金の出入りが、それぞれ記載されています。

なお、CSのプラス・マイナスの表記は収支計算書やPLとは異なります。CSは、現金が会社に入ってくる場合はプラス、現金が会社から出ていく場合はマイナス記号をつけて記載されます。

ただ、本書の説明で用いたのは一般的な収支計算書なので、収入も支出も正の数で記入しました。

▼直接法と間接法

実はCSには直接法で作成するCSと、間接法で作成するCSの2つの種類があります。今まで説明してきたCSは直接法のCSです。直接法のCSと間接法のCSで違いがある

図表5-6　キャッシュフロー計算書（CS）

直接法

営業キャッシュフロー

営業収入(＋)
商品の仕入支出(－)
人件費支出(－)
その他の営業支出(－)

小計

利息の受取額(＋)
利息の支払額(－)
法人税等の支払額(－)

営業キャッシュフロー　計

投資キャッシュフロー

有価証券取得(－)
有価証券売却(＋)
固定資産取得(－)
固定資産売却(＋)

投資キャッシュフロー　計

財務キャッシュフロー

借入収入(＋)
借入返済(－)
株式発行収入(＋)
自己株式の取得(－)

財務キャッシュフロー　計

現金及び現金同等物の増減額

現金及び現金同等物の期首残高

現金及び現金同等物の期末残高

営業キャッシュフロー
営業活動を通してのものやサービスの販売や仕入れ、製造活動などから生じた現金の動きを表す。

投資キャッシュフロー
工場建設や設備導入などの設備投資、子会社への投資、株式持ち合いなど投資に係る現金の動きを表す。

財務キャッシュフロー
金融機関からの長短期資金の借入れや返済、社債発行による資金調達、増資による資本金の増加など、会社の資金調達や返済などを表す。

図表5-7　直接法と間接法のＣＳ

直接法CS	間接法CS
営業キャッシュフロー	**営業キャッシュフロー**
営業収入（＋）	税引前当期純利益
商品の仕入支出（－）	減価償却費（＋）
人件費支出（－）	売上債権の増加（－）
その他の営業支出（－）	棚卸資産の増加（－）
	仕入債務の増加（＋）
	その他負債の増加（＋）
小計	小計
利息の受取額（＋）	利息の受取額（＋）
利息の支払額（－）	利息の支払額（－）
法人税等の支払額（－）	法人税等の支払額（－）
営業キャッシュフロー　計	営業キャッシュフロー　計
投資キャッシュフロー	**投資キャッシュフロー**
有価証券取得（－）	有価証券取得（－）
有価証券売却（＋）	有価証券売却（＋）
固定資産取得（－）	固定資産取得（－）
固定資産売却（＋）	固定資産売却（＋）
投資キャッシュフロー　計	投資キャッシュフロー　計
財務キャッシュフロー	**財務キャッシュフロー**
借入収入（＋）	借入収入（＋）
借入返済（－）	借入返済（－）
株式発行収入（＋）	株式発行収入（＋）
自己株式の取得（－）	自己株式の取得（－）
財務キャッシュフロー　計	財務キャッシュフロー　計
現金及び現金同等物の増減額	現金及び現金同等物の増減額
現金及び現金同等物の期首残高	現金及び現金同等物の期首残高
現金及び現金同等物の期末残高	現金及び現金同等物の期末残高

（間接法CSの投資キャッシュフロー以下：直接法ＣＳと同じ）

のは営業キャッシュフローの欄だけです。

直接法のCSは、営業活動による現金の出入りを直接積み上げて作ります。直接法のCSは一般の収支計算書と同じようにすべての現金の出入りを積み上げて作るのですからわかりやすいものです。

一方、間接法のCSはPLとBSの数字から逆算して、実際の営業活動による現金の動きを求める方法で作ります。どうやって作るかと言えば、PLの4番目の利益である「税引前当期純利益」を起点にして（CSの一番上に持ってきて）、現金の動きがないのに利益を変化させる要因となったものを足し引き計算して実際の現金の動きを求めるのです。

読者のみなさんはすでに、掛け商売や減価償却費によって現金の動きがないのにPLの利益が変動することはご理解いただいていると思います。逆に言えば、PLの利益から掛け商売や減価償却費などの、現金の動きがないのに利益に影響を与える項目を足し引きすれば、実際の現金の動きが求まるわけです。

したがって、間接法CSの営業キャッシュフローの欄には、おおよそ現金の動きとは関係ない減価償却費、売上債権（売掛金など）の増減、仕入債務（買掛金など）の増減といった項目が並んでいるわけです。

さらに言えば、例えば現金の動きがないのに利益を変動させる売掛金の1年間の増減は、期首のＢＳの「売掛金」の数字と期末のＢＳの「売掛金」の数字を差し引きすれば簡単に求まります。つまり、１枚のＰＬと期首のＢＳ、期末のＢＳの３枚の表があれば簡単に営業キャッシュフローの額が求まるわけです。だから、世の中に出回っているＣＳの大半は間接法のＣＳなのです。

大切なのは現金の動き

ここまでの説明で間接法ＣＳの作成方法が理解できなくても大丈夫です。結局ＣＳで大切なのは現金の動きです。直接法であろうが間接法であろうが、営業キャッシュフローの欄で見るべきポイントは、営業キャッシュフローの総額が増えているのか減っているのかということです。

営業キャッシュフローがプラスということは営業活動によって会社の現金が増えているということですし、営業キャッシュフローがマイナスということは営業活動によって会社の現金が減っているということです。営業キャッシュフローがマイナスというのは本業の事業活動がよくない状況だということです。

間接法のＣＳについてしっかり勉強したいと思われる方は、拙著『図解「財務３表のつながり」でわかる会計の基本』（ダイヤモンド社）をお読みください。

5-4 国際会計基準（IFRS）も恐れることはない

導入されても、PL、BS、CSの大きな構成に変化はない

▼注意すべき2つの違い

今、日本では、大企業を中心に国際会計基準（IFRS）を導入する会社が増えてきています。IFRSは「アイファース」とか「イファース」とかと呼ばれていますが、"International Financial Reporting Standard"の略、つまり「国際会計基準」のことです。

IFRSが導入されれば、売上高の基準や有価証券の分類方法や評価方法が変わるなどの変化がありますから、財務諸表を作る立場の人にとっては大きな変化と考えられます。しかし、IFRSが導入されてもPL、BS、CSの大きな構成は変わりません。次の表の通りこれらの3つの表の名称は異なりますが、会計の専門家でない私たちが、財務諸表を理解し利用するに当たってはBSとCSは「大差なし」と言っていいでしょう。

ただし、表に示したようにPLには大きな違いが一つあります。それは国際会計基準の「包括利益」という考え方です。

図表5-8 日本基準と国際会計基準（IFRS）における財務諸表

日本基準	違い	国際会計基準(IFRS)
損益計算書 profit and loss statement	当期利益(日本基準の当期純利益)に「その他の包括利益」が加減され「当期包括利益合計額」が表示される。	**包括利益計算書** statement of comprehensive income
貸借対照表 balance sheet	大差なし	**財政状態計算書** statement of financial position
キャッシュフロー計算書 cash flow statement	大差なし	**キャッシュフロー計算書** statement of cash flows

そして、日本の会計基準と国際会計基準の間には、もう一つ認識しておくべき大きな違いがあります。それは「のれん（営業権）」の処理です。今、日本の大手企業で国際会計基準を採用する会社が増えていますが、その大きな理由もこの「のれん」の処理の違いによるものです。

「のれん」とは、会社を吸収合併するときなどに、その会社の純資産の時価よりもはるかに高い値段でその会社を買収するような場合があります。その差額が「のれん」としてBSの左側に計上されます。

この「のれん」は日本の会計基準では、設備の減価償却と同じように、一定の基準で規則的に償却していきます。一方で、国際会計基準では日本のような規則的な償却は行いません。

したがって、「のれん」が計上されるような大規模な吸収合併を頻繁に行っているような大企業は、吸収合併後の利益を悪化させたくないので、日本の会計基準から国際会計基準に変更しているのです。

私たち会計の初学者が、日本の会計基準と国際会計基準の大きな違いについて認識しておくべきことは、「包括利益」と「のれん」の処理だけです。

なお、「包括利益」や「のれん」の処理を含む、国際会計基準と日本の会計基準の違いについてしっかり勉強したい方は、拙著『増補改訂　財務3表一体理解法』（朝日新書）をお読みください。

おわりに

最後までお読みいただきありがとうございました。いかがでしたでしょうか。会計の基本的な仕組みがご理解いただけましたか。

私はもともと機械エンジニアでしたから、会計の入門書を読み始めた頃は「会計は難しいな」と感じていました。しかし、会計の基本的な仕組み自体は極めてシンプルです。

昔は、会計の仕組みを完全に理解するには、複式簿記の仕訳（しわけ）のルールを覚えるしかないと言われていました。また、今までの会計の勉強法といえば、昔から慣れ親しんでいた収支計算書とは全く異なる、複式簿記という方法で作られたＰＬとＢＳを勉強し、次にさらに難しい間接法のＣＳを学ぶというステップでした。そのことが会計の勉強をより一層難しいものにしていたのではないかと思います。

しかし、財務３表（ＰＬ、ＢＳ、ＣＳ）を一体にして勉強すれば会計の仕組みは簡単に理解できます。私は、この財務３表を一体にした勉強法に関する本をこれまでに何冊も出版し、多くの読者の皆様から好評をいただいてきました。ただ、これまでの著作はどれも企業人を読者対象に想定したものでした。

会計の仕組みのシンプルさから考えれば、会計の仕組み自体は高校生にでも容易に理解できます。私は、高校生を含むもっともっと多くの方々に会計の仕組みを理解してもらいたいと思いました。

本書は財務3表を一体にして勉強する勉強法をさらに進化させたものです。本書は、財務3表を一体にして勉強するというより、複式簿記のPLとBSを、単式簿記の収支計算書を通して学ぶという全く新しい会計の勉強法を提案したものです。

本書の底本になっている『ストーリーでわかる財務3表超入門』は、ダイヤモンド社の社長の石田哲哉さんが編集長だった頃に一緒に作った本です。当時、石田さんも私も高校生の子供を持つ父親でした。本書の企画から編集にあたっては、二人して「我々の子供たちでも理解できるように」とさまざまな工夫を凝らしました。

そして、今回本書が出版できるようになったのは、ダイヤモンド社の石田編集長の後任であった小川敦行編集長のお力添えによるものでした。ダイヤモンド社さんの寛大なご配慮により本書を出版することができました。

本書の出版を引き受けてくださったのが、毎日新聞出版の久保田章子さんでした。本書の底本が他出版社のものであるにもかかわらず、久保田さんは情熱を持って本書の出版を推し進めてくださいました。マンガ部分と文章部分が交互にくるという本の作りのご提案も久保田さんからでした。
そして、その久保田さんを私に引き合わせてくださったのが、株式会社グラシア代表取締役の桑田篤さんでした。桑田さんがおられなかったら本書は世に出ていなかったことでしょう。

さらに、本書が素晴らしい出来栄えになったのは、マンガ部分を担当してくださった大舞キリコさんの存在によるものです。大舞さんから最初に登場人物の絵をいただいたとき、そしてマンガ部分の構成案をいただいたとき、私はこの本が素晴らしいものになると確信しました。

本書の出版にあたりましては、右記の5人以外にも、校正、デザイン、DTP、印刷など本当にたくさんの方々のお世話になりました。お名前が表に出ることのない、このようなプロのみなさまのご尽力のおかげで素晴らしい本に仕上がりました。

この場をお借りして、関係のみなさまに心より御礼申し上げます。

本書がたくさんの方の会計理解の一助になれば著者としてこれに勝る喜びはありません。本書が、高校生を含む多くのみなさんの手に届くことを願っています。

國貞　克則

〈参照図書〉

國貞克則『ストーリーでわかる財務3表超入門』ダイヤモンド社、2011年
國貞克則『図解「財務3表のつながり」でわかる会計の基本』ダイヤモンド社、2014年
國貞克則『増補改訂　財務3表一体理解法』朝日新書、2016年
國貞克則『現場のドラッカー』角川新書、2019年

著者略歴

國貞克則（くにさだ　かつのり）

1961年岡山県生まれ。東北大学機械工学科卒業後、神戸製鋼所入社。海外プラント輸出、人事、企画などを経て、1996年米国クレアモント大学ピーター・ドラッカー経営大学院でMBA取得。2001年ボナ・ヴィータ　コーポレーションを設立して独立。著書に『ストーリーでわかる財務３表超入門』（ダイヤモンド社）、『増補改訂　財務３表一体理解法』（朝日新書）、『現場のドラッカー』（角川新書）、訳書に『財務マネジメントの基本と原則』（東洋経済新報社）などがある。

マンガでわかる財務3表超入門

第１刷　2019年11月30日
第２刷　2020年10月30日
著　者　國貞　克則
作　画　大舞キリコ
発行人　小島明日奈
発行所　毎日新聞出版
〒102-0074
東京都千代田区九段南１-６-17　千代田会館５階
営業本部：03（6265）6941
図書第一編集部：03（6265）6745

印刷・製本　図書印刷

ISBN978-4-620-32612-2